AMÉLIE,

OU LE

PROTECTEUR MYSTÉRIEUX,

MÉLODRAME EN TROIS ACTES,

A SPECTACLE,

PAR MADAME ***,

Musique de M. Taix, Ballets de M. Hullin;

Représenté pour la première fois à Paris, sur le Théâtre de la Gaîté, *le* 11 *Juin* 1807.

A PARIS,

Chez {
HÉNÉE et DUMAS, impr.-lib., rue Saint-André-des-Arcs, n°. 3;
MARTINET, Libraire, rue du Coq;
BARBA, Libraire, au Palais du Tribunat;
Et tous les Marchands de Nouveautés.

JUIN, M. D. CCC. VII.

PERSONNAGES. ACTEURS.

LE GOUVERNEUR de l'Isle-
..de-France.   M. Camél.
AMÉLIE de Courcelles.   Mme. d'Herbouville.
BALTARD, capitaine de navire. M. Pascal.
EDOUARD GRAVILLE, amant
  d'Amélie.   M. Marty.
DEROUCHÈRE, régisseur géné-
  ral des habitations d'Amélie. M. Lafargue.
LAMBERT, économe d'une habi-
  tation d'Amélie.   M. Ferdinand.
MARCEL, Européen au service
  de Derouchère.   M. Perroud.
ZABETH, jeune négresse, esclave
  d'Amélie.   Mme. Perroud.
UN OFFICIER du Gouverneur. M. Genest.
UN MATELOT.   M. Beuzeville.
UN MULATRE.   M. Boulanger.
Nègres et Négresses, Matelots, Sol-
  ..dats, Mulâtres.

————◆————

La Scène est au Port-Louis, dans l'Isle-de-France

AMÉLIE,

OU

LE PROTECTEUR MYSTÉRIEUX.

(Le Théâtre représente le jardin de la principale habitation d'Amélie.)

SCÈNE PREMIÈRE.

DEROUCHÈRE, *seul.*

Plus l'instant approche qui doit décider de mon sort et de celui d'Amélie, plus je me sens involontairement ému. Est-ce l'amour ou l'ambition qui agite ainsi mon cœur? Oh! non, cette passion si fragile, si passagère, ne peut allumer la fièvre ardente qui me dévore; un sentiment plus noble, plus grand, me subjugue tout entier : lui seul a pu me faire concevoir le projet qui déjà m'a coûté tant de veilles, tant de fatigues, tant de crimes!.... lui seul me donnera le courage de surmonter les nouveaux obstacles que l'arrivée d'Amélie va faire naître. Ils sont innombrables, et presque effrayans!.... Cependant, si Madame de Laudan peut être partie de Port-Louis avant que la fille de son ancien ami y débarque, je les verrai s'applanir, car Amélie seule, sans appui, dans un pays étranger, ne pourra résister à mes séductions ou à mes efforts.

SCÈNE II.

DEROUCHÈRE, UN NÈGRE.

DEROUCHÈRE, *avec humeur.*

Que me veut-on?

LE NÈGRE.

Une lettre de Madame de Laudan, qui s'embarque à l'instant pour le Cap. (*Derouchère prend la lettre et fait signe au nègre de s'éloigner.*)

SCÈNE III.

DEROUCHÈRE, *seul.*

Maintenant, tous mes vœux sont remplis. (*Il décachette le paquet.*) Une lettre pour Amélie!.... une pour moi!....

Lisons. « La nouvelle de mon départ vous surprendra sans doute, Monsieur. » Pas autant qu'elle se l'imagine. « Mais une affaire de la plus haute importance me force à profiter d'un vaisseau prêt à mettre à la voile pour le Cap.... Veuillez remettre cette lettre à Mlle. de Courcelle. » Oui, sans doute, mais après l'avoir néanmoins soumise à une petite inspection. (*Il regarde la lettre.* Quoi! point de cachet!...Ah! madame de Laudan, voilà des procédés! (*Il lit bas.*) Qu'ose-t-elle parler de soupçons? ...Ah! que j'ai bien fait de l'éloigner!... Mais, que veut-elle dire ?... Cet infâme Lambert aurait-il laissé transpirer?.. Non, je m'alarme trop facilement; son intérêt est le mien : il n'ignore pas que le coup qui me frapperait, l'atteindrait en même tems.... N'importe, interrogeons-le, et sur-tout supprimons une lettre qui pourrait faire naître à Amélie des idées que je veux écarter. (*Il appelle.*) Marcel! Zabeth!

SCENE IV.
DEROUCHÈRE, ZABETH, MARCEL.

ZABETH, *accourant.*

Maître! Maître!

MARCEL.

Attendez donc, Mam'zelle; vous voyez bien que c'est moi qu'on appelle le premier.

DEROUCHÈRE.

Marcel, as-tu été au port aujourd'hui?

MARCEL, *prenant du tabac.*

Oui, Monsieur et il n'y a pas plus de vaisseau .... que dans ma tabatière.

DEROUCHÈRE.

Cependant, on m'a dit qu'il en est parti un pour le Cap?

MARCEL.

Eh! oui, Monsieur; mais, comme partir n'est pas arriver, je l'ai laissé passer sans rien dire.

DEROUCHÈRE.

Souviens-toi de redoubler de vigilance. Pour plus de sûreté, envoie Jacques sur le morne de la découverte, avec ordre d'accourir sitôt qu'on aura signalé un vaisseau.

MARCEL.

Oui, Monsieur, j'entends. Si un vaisseau arrive, Jacques lui servira de courrier.

DEROUCHÈRE.

Fais dire à Lambert de venir me parler.

MARCEL.

Qui ? l'économe de l'habitation des lataniers ?

DEROUCHÈRE.

Eh ! oui. Toi, Zabeth, fais tout préparer avec soin ; signale ton goût, ton adresse, pour célébrer l'arrivée de la personne que j'attends ; Marcel te secondera, et tous les esclaves seront à tes ordres.

ZABETH.

Oui, maître.

MARCEL.

Ah ! Monsieur peut être tranquille ; je vais arranger la maison. . . . .

DEROUCHÈRE.

Songez tous deux que si je punis la moindre infraction à mes ordres, je sais aussi récompenser les serviteurs fidèles.

(*Il sort.*)

SCÈNE V.
MARCEL, ZABETH.

MARCEL.

Il punit ! Ah ! ça, je le sais bien, et ma joue encore mieux. Ne dirait-on pas, à son air arrogant, qu'il est le maître ici ? et cependant il y a bien de la différence ! car enfin, il n'est que le régisseur... Quand je dis de la différence, c'est-à-dire... que je ne sais pas trop ce que je dis ; car, si j'en crois... Eh bien, à quoi pensez-vous donc comme ça, Mam'zello ?

ZABETH.

Maître, li attend quelqu'un d'Europe... Blanc, sans doute ?

MARCEL.

Ah ! je crois bien que ce n'est pas un noir qu'il fait venir ici.

ZABETH.

Maître pas faire venir ni noir, ni blanc ; mais....

MARCEL.

Ni noir, ni blanc ?... de quelle couleur donc ? car enfin, il faut qu'une porte soit ouverte ou fermée.

ZABETH, *impatientée.*

Pas noir, pas blanc ; mais bonne blanche pour faire femme à li.

MARCEL.

Une femme à Monsieur Derouchère ! ah ! laissez donc, Zabeth, il a bien d'autres affaires en tête que de se marier ! Voilà le moment pour lui de pêcher en eau trouble, et je crois bien que, depuis la mort de Monsieur de Courcelle, il ne s'est pas oublié .Mais, chut !....

ZABETH.

Li était bon blanc, mouché Courcelle.

MARCEL.

Ah! mon dieu, oui, il était bon : à ce qu'ils disent tous, au moins ; car, pour moi, je ne l'ai jamais connu de son vivant ; et à présent, j'aime mieux le croire que d'y aller voir.

ZABETH.

Li avait bonne amitié pauvre noir.

MARCEL.

Ah! sûrement. il avait le cœur sur les lèvres : eh bien, ça n'a pas empêché que cet Edouard Graville....

ZABETH.

Edouard! ah! li jeune blanc, joli blanc, beaucoup méchant blanc.

MARCEL.

Certainement, il était bien méchant! Avoir tué, sans rime ni raison, celui qui devait être son beau-père. Ah! fi! fi!.... ça soulève le cœur.

ZABETH.

Li, Edouard, être devenu amoureux bien loin de blanche Amélie.

MARCEL.

Comment, bien loin?

ZABETH.

Oui, li au pays Afrique, blanche Amélie en France.

MARCEL.

Ah! mon dieu, mon dieu, Zabeth, tâche de profiter mieux des leçons que je te donne, et d'avoir plus d'esprit : ah! mon dieu! l'un en Afrique... l'autre en France!... il y a de quoi faire jeter le manche après le ballet, quand on entend des choses comme ça!

ZABETH.

Toi dire à moi, Marcel; moi, aimer un peu to.

MARCEL.

Ecoute-moi donc bien, et ne va pas avoir un œil aux champs et l'autre à la campagne. M. de Courcelle, le père d'Amélie, demeurait autrefois en France, parce que, vois-tu, la France est un bien beau pays.... Les femmes y sont si complaisantes,.... si avenantes.... et les maris si,.... si.... enfin ce sont de fiers maris que ceux-là! Voilà que tout-à-coup M. de Courcelle reçut la nouvelle qu'une riche succession l'attendait à l'Isle-de-France; il n'en fait ni une, ni deux, et après avoir embrassé sa fille, et lui avoir dit : Ma fille, vous voyez bien ce joli garçon-là, en parlant d'Edouard Graville, le fils d'un de ses amis qu'il faisait élever chez lui? eh bien, quand tous deux vous serez grands comme père et mère, vous serez époux. Alors, voilà qu'ils tombent dans les bras l'un de l'autre. (*Il veut embrasser Zabeth.*)

ZABETH, *se débattant.*

Non, non, Marcel, moi pas voulai embrasser to;

MARCEL.

Laisse-donc, c'est pour faire comme Edouard et Amélie; tu vois bien. Après quoi M. de Courcelle vint ici avec Edouard, et sa fille resta en France pour apprendre à danser, pour apprendre à jouer des instrumens; enfin, tout ce qu'il faut savoir pour être une bonne femme de ménage. Elle devait bientôt venir les joindre, quand le diable, qui ne dort pas, et qui se fourre partout, fit imaginer à Edouard de tuer son beau-père. Entends-tu, à présent?

ZABETH.

Oui, moi entends ben; moi comprends to.

MARCEL.

Ah! bien, moi, je ne fais rien pour rien; il me faut une récompense.

ZABETH.

Récompense!.... moi pus comprends to.

MARCEL.

Ah! l'homme le plus sourd est une femme qui ne veut pas entendre. Je te donne de l'esprit; il me faut un baiser. (*Il veut lui prendre un baiser.*)

ZABETH, *reculant.*

Ah! Marcel, moi donnerai à to.

MARCEL.

Oui, oui, je ne m'y fie pas! un bon tiens vaut mieux que deux tu l'auras.

ZABETH, *le repoussant et lui donnant un soufflet.*

Eh bien, tiens!   (*Elle se sauve.*)

SCÈNE VI.

MARCEL, *seul, tenant sa joue.*

Ah! par exemple, mam'zelle Zabeth, c'est affreux à vous, quand je sue sang et eau pour vous mettre les points sur les i, de venir mettre les vôtres sur ma figure! Je vous abandonnerai tout-à-fait, et nous verrons ce que vous deviendrez, quand je ne me chargerai plus de votre éducation.

SCÈNE VII.

LAMBERT. MARCEL.

LAMBERT.

Ainsi, partout l'image de la joie ; l'homme danse au milieu des tombeaux !

MARCEL.

Hom ! voilà ce Lambert, avec son air dur et méchant.

LAMBERT.

Aujourd'hui des jeux et des ris, où la mort fit hier répandre des larmes !

MARCEL.

Ne réveillez donc pas le chat qui dort, en parlant comme ça de mort.

LAMBERT.

Si ta conscience est pure, pourquoi craindrais-tu d'en entendre parler ? Il n'y a que celui que les remords assiégent qui doit frémir à l'idée de son heure dernière.

MARCEL.

Ah ! pour ça, je n'ai rien à craindre ; car je ne peux pas seulement me décider à tuer ces vilains moustiques qui nous dévorent. Il ne faut pas faire aux autres ce que nous ne voudrions pas qui nous fût fait, n'est-ce pas, Monsieur Lambert ?

LAMBERT.

Qui t'a dit de me répéter cette maxime ?... Veux-tu m'insulter ? sais-tu que je saurai te punir ?

MARCEL, *effrayé.*

Ah ! Monsieur Lambert, je sais que vous êtes un homme bien poli, bien doux ; je disais seulement que ma conscience est aussi tranquille que la vôtre.

LAMBERT, *lui serrant la main.*

Je ne te le souhaite pas.

MARCEL.

Ah ! ça, écoutez donc, ne venez pas attaquer mon honneur, au moins, parce que.....

ZABETH.

Maître ! maître !   (*Elle s'enfuit.*)

SCÈNE VIII.

DEROUCHÈRE, LAMBERT, MARCEL.

DEROUCHÈRE.

Ah ! vous voilà, bon Lambert ?... Marcel, éloigne-toi.

MARCEL.

Sûrement, je m'en vais.... Mam'zelle Zabeth !... ah ! mon dieu, qu'est-ce qu'elle est donc devenue ?   (*Il revient.*)

DEROUCHÈRE.

T'en iras-tu ?

MARCEL.

Oui, Monsieur... (*Il revient.*) Mais vous ne savez pas que Zabeth, et puis les nègres...

DEROUCHÈRE, *avec colère.*

Malheureux ! si tu n'obéis à l'instant....

MARCEL, *s'en allant.*

Hom ! le cheval, qui n'a pas seulement pitié de ses semblables !

SCÈNE IX.

DEROUCHÈRE, LAMBERT.

DEROUCHÈRE.

Lambert, le moment est enfin arrivé où nous allons recueillir le fruit de toutes nos peines ! le vaisseau qui porte Amélie ne peut tarder d'entrer dans le port. Tout est préparé avec adresse, prévu avec sagacité, et nous allons fixer pour jamais la fortune et le bonheur.

LAMBERT.

Je crains bien que ce que vous appelez l'instant du bonheur, ne soit, en effet, celui de mon désastre. Si vous parvenez à être l'époux d'Amélie, et que l'on vienne à découvrir une partie des moyens qui vous l'auront acquise, vous en serez quitte pour la honte, car vous serez riche ... mais, moi, intrigant subalterne, sans protection....

DEROUCHÈRE.

N'as-tu pas des droits certains à la mienne ?

LAMBERT.

Vous n'aurez plus besoin de moi.

DEROUCHÈRE.

La reconnaissance des services rendus...

LAMBERT.

La reconnaissance !... Ah ! nous savons trop nous apprécier pour que je puisse compter sur la vôtre !

DEROUCHÈRE.

Faut-il t'engager ma parole ?

LAMBERT.

Depuis long-tems vous n'y croyez plus vous-même.

2

DEROUCHÈRE.

Insolent ! (*se reprenant.*) En vérité, je t'admire, mon pauvre Lambert ! Qui peut t'avoir donné l'humeur noire dont je te vois atteint ?

LAMBERT.

Mes remords !... Et si je pouvais disculper cet innocent Édouard du crime atroce qu'on lui impute.....

DEROUCHÈRE.

Malheureux ! veux-tu te perdre et m'entraîner dans ta ruine ? Songe que les lois ont prononcé sur le sort du meurtrier de M. de Courcelle. Édouard, jusqu'à présent, a su se soustraire à la peine portée contre lui. Qui t'a dit que jamais il reviendrait de ce voyage, dont nous avons profité pour diriger les soupçons sur lui ? Cependant un mot, un seul mot imprudent, peut te traîner, ainsi que moi, à l'échafaud qui lui est préparé !... Tu frémis !... Vois si tu te sens le courage de périr d'une mort infamante, pour sauver la réputation d'un homme qui peut-être n'existe plus. (*à part.*) Si tel est ton dessein, je saurai le prévenir.

LAMBERT, *à part.*

Oh ! monstre ! (*affectant un ton résolu.*) Et quand il existerait, la première de toutes les lois n'est-elle pas notre bien-être particulier ? Je veux écarter des idées que la solitude a fait naître.... Une seule chose m'effraye encore....

DEROUCHÈRE, *l'observant.*

Laquelle ?

LAMBERT.

Les amis de M. de Courcelle instruiront sa fille des richesses immenses dont il jouissait ; et comment les lui représenter, maintenant que.... ?

DEROUCHÈRE.

Madame de Laudan seule les connaissait, et mon adresse a su l'éloigner.

LAMBERT.

Mais elle reviendra.

DEROUCHÈRE.

Trop tard pour Amélie, car alors.....

LAMBERT, *avec terreur.*

Alors !....

DEROUCHÈRE.

Elle sera mon épouse, ou il sera arrivé de tels événemens, que je n'aurai plus rien à redouter d'elle, ni d'aucun de ses amis.

LAMBERT.

Je conçois que tous vos projets reposent sur son isolement à son arrivée ici. Il suffirait, pour les déjouer, qu'un de ses amis de France l'eût accompagnée.

DEROUCHÈRE.

Sa dernière lettre à madame de Laudan annonçait le contraire.

LAMBERT.

Fort bien ; je ne vois plus qu'un seul obstacle qui puisse vous empêcher d'être l'époux d'Amélie.

DEROUCHÈRE.

Encore ? et lequel ?

LAMBERT.

Son consentement.

DEROUCHÈRE.

Je saurai m'en passer.

LAMBERT.

Ah! s'il est inutile, vous êtes sûr de réussir.

SCENE X.

LES PRÉCÉDENS, MARCEL.

MARCEL, accourant.

Jacques vient de voir un vaisseau qui entrait ventre à terre dans le port.

DEROUCHÈRE.

Il suffit, je vais m'y rendre. Vous, honnête Lambert, retournez aux lataniers. (bas.) Coquin ! songe que j'aurai l'œil sur toi, et qu'un mot indiscret sera le signal de ta perte! Songe sur-tout à la lettre que je conserve avec soin. (Il sort.)

LAMBERT, à part.

Monstre! quand pourrai-je m'affranchir de ton joug odieux? (Il sort, témoignant son horreur pour Derouchère, ainsi que les remords dont il est agité.)

SCENE XI.

MARCEL, seul.

Quand j'étais en France, les gens bien élevés, et d'une certaine condition, comme moi, par exemple, avaient l'habitude d'écouter aux portes, parce que ça fait d'une pierre deux coups; ça instruit en amusant..... L'habitude est une seconde nature; car voilà que par habitude..... non, par nature..... Est-ce par habitude, ou par nature?.... Enfin, n'im-

porte, j'ai écouté, et ça fait que je sais.... que je ne sais
rien ; car ils ont tant dit de choses , que je n'ai rien entendu.
Ça fait que je suis bien embarrassé pour les dire à Zabeth.
(*Il va pour sortir.*) Ah ! mon dieu, qu'est-ce que c'est que
ça ?... Voilà M. le régisseur avec une jeune dame, qui a
l'air triste comme une robe de chambre.... puis un vieux
Monsieur qui fait des gestes.... O ciel ! il lève sa canne ! est-
ce qu'il va battre quelqu'un ? Le régisseur, peut-être ?....
Bon jour, bonne œuvre.... Oh ! non, voilà qu'il lui prend
la main ; et puis ils viennent par ici.... Si je pouvais rester,
pour savoir ce que c'est que ces gens-là !

SCÈNE XII.

AMÉLIE , le capitaine BALTARD , DEROUCHÈRE,
MARCEL, puis ÉDOUARD.

LE CAPITAINE.

Triple abordage ! ce que vous dites est-il possible, M. le
Régisseur?

DEROUCHÈRE.

C'est avec le plus vif regret que je me vois forcé de vous
faire un aveu qui coûte infiniment à la sensibilité de mon
cœur.

MARCEL, *à part.*

Tiens ! son cœur sensible?... comme une pierre à fusil.

LE CAPITAINE.

Je me croirais plutôt pris par un calme plat, au milieu
d'une tempête, que d'admettre qu'Édouard soit capable d'une
telle atrocité !

AMÉLIE.

Édouard ! Édouard ! toi sur qui je comptais pour m'aider
à supporter la mort d'un père !

MARCEL, *à part.*

Ah ! c'est Mam'zelle Amélie. Je savais bien que je saurais
quelque chose.

DEROUCHÈRE.

Lors du départ du vaisseau qui porta à Mademoiselle la
nouvelle de la mort de Monsieur de Courcelle, on n'avait
encore que de faibles soupçons sur le meurtrier, et je crus
ne devoir pas l'instruire des indices qu'on commençait à recueillir.

LE CAPITAINE.

Et depuis , en a-t-on de convaincantes ?... Par la Sainte-
Barbe, ceci n'est point un jeu ! L'a-t-on entendu? a-t-il avoué?

DEROUCHÈRE.

Hélas! monsieur le capitaine, il était absent lors du malheur affreux qui prive Mademoiselle d'un père, et moi d'un maître et d'un ami.

LE CAPITAINE.

Au fait, au fait.

DEROUCHÈRE.

Depuis ce tems, il n'a pas reparu, et cependant, les preuves se sont accumulées contre lui. L'arme fatale trouvée près de Monsieur de Courcelle, était celle dont se servait le plus habituellement Édouard ; un mouchoir ensanglanté, portant sa marque, fut ramassé à quelques pas de mon malheureux maître. Lambert, l'économe de l'habitation des lataniers, sur laquelle le meurtre fut commis, a déposé l'avoir vu fuir d'un air épouvanté, et même lui avoir entendu prononcer des mots qui peignaient son effroi.

AMÉLIE.

Mon cœur répugne à croire qu'Édouard, l'ami, le compagnon de mon enfance, ait pu payer l'amitié de mon père d'une si noire ingratitude.

LE CAPITAINE.

Diable! voilà qui commence à faire fausse route. Après?

DEROUCHÈRE, *embarrassé.*

Mais, Monsieur le capitaine, je pense.,.. les juges ont cru..... que ces preuves étaient suffisantes pour condamner Édouard.

LE CAPITAINE.

Ces preuves suffisantes pour condamner, morbleu! Et l'est-il?

DEROUCHÈRE.

Oui, monsieur, le capitaine ; on est à sa poursuite, et s'il reparaît, il n'aura plus qu'à subir la peine due à son affreuse ingratitude.

LE CAPITAINE.

Par Jean-Bart! c'est ce que nous verrons. Corbleu! condamner, sans l'entendre, un homme à perdre la vie pour une arme trouvée, quand sur mon bord j'hésiterais à vous faire donner la cale sur une semblable preuve! Mais, mille bombes! vos juges ont donc la tête aussi légère que la flamme du grand mât, pour ne pas frémir du compte qu'ils auraient à rendre là haut, s'ils ont flétri injustement Édouard? Ah! morbleu! il ne sera pas dit qu'au milieu des écueils, je le laisserai naviguer sans pilote, et c'est moi qui lui en servirai.

DEROUCHÈRE.

Quoi! Monsieur, voudriez-vous soutenir le crime?

LE CAPITAINE.

Mille tempêtes! soutenir le crime!.... Monsieur le régisseur, savez-vous que c'est au capitaine Baltard que vous
parlez? Je verrais, sans sourciller, périr mon propre fils,
s'il s'était dégradé par une action indigne d'un homme
d'honneur; mais, corbleu! je fais feu de tous bords, quand
il s'agit de sauver un innocent!

DEROUCHÈRE, *effrayé.*

L'humanité, l'honneur.... exigent sans doute cette
conduite.... et je suis loin de blâmer.....

LE CAPITAINE.

Libre à vous, comme à tout autre, de blâmer ou d'ap-
prouver; mon juge est dans mon cœur; c'est une boussole
qui ne m'a jamais égaré. En attendant, je jette l'ancre ici.

DEROUCHÈRE, *à part.*

Ciel! que dit-il?

AMÉLIE.

Cher capitaine, que d'obligations!....

LE CAPITAINE.

Comment? croyez-vous le capitaine Baltard capable de
vous laisser échouer, sans venir vous remorquer? Non, de
par tous les diables! Edouard, ou je me trompe fort, est victime de quelque fausse manœuvre : nous les découvrirons,
et je me charge de couler le double corsaire qui voulait
l'égarer.

MARCEL, *à part.*

Il est bon homme, après tout.

AMÉLIE.

Oh! oui, vous l'avez connu dans sa jeunesse. Sa bonté,
sa sensibilité promettaient de récompenser un jour mon
père des tendres soins dont il le comblait. Quel motif, d'ailleurs, aurait pu le porter à tremper ses mains dans le sang
de celui qui éleva son enfance, de celui dont il allait de-
venir le fils!

LE CAPITAINE.

De celui... de celui d'un homme, en un mot comme en
cent. Il faut avoir un cœur de requin, pour ne pas frémir à
cette seule pensée. Parlez, monsieur le régisseur, quelle
était, du reste, la conduite d'Edouard?

Édouard, avec un bandeau qui lui cache un œil, et dont les che-
veux ombragent la figure, paraît en ce moment. Il écoute
avec de vifs mouvemens d'intérêt, et semble admirer Amélie.)

DEROUCHÈRE.

Mais, monsieur le capitaine.....

MARCEL.

Ah ! ça, c'était un jeune homme très-rangé.

(*Un regard terrible que lui lance Derouchère, l'empêche d'achever.*)

LE CAPITAINE.

Eh bien ! quoi ? voyons... y avait-il quelque petite amourette sur jeu ? ce n'est point un crime ; et s'il ne s'agit que de cela, parlez.

DEROUCHÈRE.

Je fus son ami, monsieur le capitaine, et j'espère qu'à ce titre, vous me permettrez de ne point répondre à vos questions.

LE CAPITAINE.

J'entends ; il suffit... Touchez là, vous êtes un brave.

DEROUCHÈRE.

Monsieur le capitaine me fait trop d'honneur.

LE CAPITAINE.

Morbleu ! il n'y a point d'honneur à cela : quand je vous tends la main, c'est que je vous en crois digne, voyez-vous ; je n'ai jamais pressé celle d'un fripon.

MARCEL.

C'est la première fois que.... je vois cette vilaine figure.

DEROUCHÈRE, *à part.*

Si je ne parviens à l'éloigner, je suis perdu sans retour.

MARCEL, *examinant Édouard.*

Ah ! mon dieu, qu'est-ce que c'est donc que cet homme, qui nous regarde comme ça d'un mauvais œil ?

LE CAPITAINE.

Quelque pauvre diable, qui a besoin de se radouber.

DEROUCHÈRE.

Qui a pu laisser pénétrer ce maraud jusqu'ici ?

(*Édouard s'avance, et semble implorer Amélie.*)

AMÉLIE

L'infortuné paraît rendu de fatigue et de besoin.

(*Edouard indique qu'il ne peut exprimer ce qu'il souffre.*)

DEROUCHÈRE.

Craignez, madame, de laisser surprendre votre bonté par ce vagabond. (*Il lui fait signe de sortir.*)

LE CAPITAINE.

Pourquoi donc, monsieur le régisseur, donner la chasse à ce pauvre vaisseau sans agrès ? Je suis sensible comme une tempête, moi ; mais je ne renvoie jamais un malheureux sans l'entendre. Approche, camarade, et dis-nous un peu ce qui te manque.

MARCEL, *à part.*

Ce qui lui manque ?.... Il est bon là !... Pardi ! il ne faut que le regarder entre quatre yeux, pour voir ce qui lui manque.

(*Edouard exprime qu'il est dans le malheur, et qu'il a perdu l'usage de la parole.*

LE CAPITAINE.

Par l'encens de la Sainte-Barbe ! prétends-tu te moquer de moi avec tes gestes ?... sais-tu que je te ferai revirer de bord.

AMÉLIE.

Capitaine, ne voyez-vous pas que l'infortuné cherche à vous faire comprendre qu'il a perdu l'usage de la parole ?

LE CAPITAINE.

Eh ! que ne le dit-il donc ? Que diable ! au lieu de louvoyer là pendant deux heures. (*Il lui offre de l'argent ; Edouard le refuse.*) Ah ! tu es fier ! vas-t-en au diable ! On ne sait quelle voile déployer pour te plaire.

AMÉLIE.

Pouvez-vous lui en vouloir, capitaine, parce que, dans son malheur, il refuse d'accepter des bienfaits qu'il n'a point encore mérité ? Ce nouveau trait achève de m'intéresser à son sort, et je suis décidée à l'adoucir autant qu'il sera en mon pouvoir.

(*Edouard témoigne sa reconnaissance et son admiration par les gestes les plus vifs. Il semble prier le ciel de verser ses bienfaits sur Amélie.*)

LE CAPITAINE.

Corbleu ! je suis marin, je ne sais que donner ; mais vous, femme !.... ange !.... vous savez faire accepter ; cela vaut mieux... j'ai tort, et c'est fini.

DEROUCHÈRE.

Je me permettrai de faire observer à madame, qu'il serait imprudent d'accorder quelque confiance à cet homme, avant de savoir s'il la mérite.

LE CAPITAINE.

Il est prudent, le régisseur. Mais Amélie pense comme moi, qu'il vaut mieux s'exposer à faire vingt ingrats qu'un mécontent. (*à part.*) Je ne sais ; mais je n'aime pas cet homme-là, moi ; il est dur comme un requin, avec ses grands mots de sensibilité... d'honneur.... Serait-ce un fripon ?..

(*Edouard tire un papier de sa poche, regarde le régisseur, et le lui remet.*)

DEROUCHÈRE, *lisant.*

« Je, soussigné, affirme que le nommé Henri Rousseau,
» muet de naissance, m'a servi pendant huit ans avec zèle et
» fidélité, et qu'il n'a quitté mon habitation que par suite
» de la fièvre jaune, pendant laquelle il a eu le malheur de
» perdre un œil. En foi de quoi, etc. Signé, DESMOULINS,
» propriétaire de l'habitation des palmistes, à l'Isle-Bour-
» bon.... » — Je connais de nom ce planteur; l'Isle-Bourbon
n'est qu'à quarante lieues, il sera facile de s'informer, par
la première occasion, si cet homme est bien celui.....

AMÉLIE.

Non, Monsieur, il suffit. Son premier titre près de moi
est le malheur, et je ne veux pas, par une injuste défiance,
aggraver encore les maux qu'il a déjà soufferts. (*à Edouard.*)
Allez, jeune infortuné, reposez-vous avec sécurité sur l'ave-
nir qui vous attend, je me charge de l'adoucir.

(*Edouard se jette à ses pieds, et lui indique, par les plus vifs*
transports, que sa bonté et son image sont pour jamais gravés
dans son cœur.)

MARCEL.

Tiens! on dirait qu'il a sa langue dans ses bras.

DEROUCHÈRE, *à part.*

Il semble que tout s'arrange aujourd'hui pour me con-
trarier.

LE CAPITAINE.

Ah! ça, monsieur le régisseur, se rafraîchit-on dans vos
parages? Morbleu! toutes vos fâcheuses nouvelles m'ont re-
mué la bile, et je sens que j'ai besoin de renouveler les mu-
nitions.

DEROUCHÈRE.

Si vous désirez, monsieur le capitaine, entrer à l'habitation....

LE CAPITAINE.

Non; si Amélie y consent, nous resterons ici, l'attérage
y est bon.

AMÉLIE, *à Derouchère.*

Veuillez faire donner vos ordres, et me rendre le service
d'envoyer avertir madame de Laudan de mon arrivée.

DEROUCHÈRE, *à part.*

Allons rêver aux moyens d'assurer nos coups et d'éloigner
cet importun capitaine.

(*Il salue et s'éloigne en faisant signe à Marcel et à Edouard de*
le suivre. Ce dernier se retourne encore pour voir Amélie, et
exprime la joie qu'il éprouve d'être admis près d'elle.)

3

SCÈNE XIII.
LE CAPITAINE AMÉLIE.

LE CAPITAINE.

Diable ! ceci dérange tous mes plans , et je crains de faire fausse route. S'il m'est prouvé qu'Edouard ait été capable du crime dont on l'accuse, je lève l'ancre, et je vais pour jamais me reléguer dans quelque île déserte. Mais, dites-moi, êtes-vous sûre de ce régisseur ?

AMÉLIE.

Mon père le connut en France, long-tems avant de l'amener ici, où il l'établit régisseur-général de toutes ses habitations, en reconnaissance de ses services et de l'activité avec laquelle il parvint à débrouiller les affaires qu'y avait laissé son prédécesseur.

LE CAPITAINE.

Je ne sais , il n'a pas cette franchise, cette rondeur qui conviennent à un honnête homme ; il a même l'air de redouter l'abordage. Je vais cependant le tenter : s'il recule, corbleu ! je saurai bien le forcer à amener.

SCENE XIV.
LES PRÉCÉDENS, ÉDOUARD.

(*Edouard arrive d'un air effrayé. Il regarde si personne ne l'observe, et fait des signes au capitaine et à Amélie, qu'il entraîne vers un coin de la scène.*)

LE CAPITAINE.

A qui diable en a-t-il, avec son fanal éteint ?
(*Edouard s'efforce de leur faire comprendre que l'erouchère écrit une lettre, qui peut compromettre la liberté du capitaine.*)

AMÉLIE.

Vainement je cherche à deviner le sujet de son agitation.
(*Edouard paraît prier Amélie de se joindre à lui, pour conjurer le capitaine de s'éloigner.*)

AMÉLIE.

Capitaine ! ceci paraît vous intéresser principalement.

LE CAPITAINE.

Morbleu ! la brune s'épaissit de plus en plus. Par la moustache de Jean-Bart, je te casse bras et jambes, si tu ne parles à l'instant !

AMÉLIE.

Capitaine , oubliez-vous que ce langage est le seul que l'infortuné peut employer ?

LE CAPITAINE.

Ah! diable! je ne songe jamais qu'il s'est embarqué sans
porte-voix.

*(Edouard cherche à entraîner le capitaine, qui résiste; désolé de
ne pouvoir se faire comprendre, il regarde de nouveau si on
l'observe, et reprenant la main du capitaine et celle d'Amélie,
il paraît prêt à s'expliquer. Il aperçoit Derouchère, aussitôt
il quitte leurs mains, se jette aux genoux d'Amélie, et lui
témoigne sa reconnaissance.)*

LE CAPITAINE.

Le vent change tout-à-coup. D'où diable peut venir cette
bonace? (*Voyant Derouchère.*) Le régisseur! par la ventre-
bleu! ceci cache un mystère qu'il faudra éclaircir!

SCÈNE XV.

LES PRÉCÉDENS, DEROUCHÈRE, MARCEL, ZABETH,
Nègres et Négresses, *apportant des fruits dont ils couvrent
une table.*

DEROUCHÈRE, *à Amélie.*

Le nègre que je viens d'envoyer chez madame de Laudan, m'a rapporté la nouvelle qu'elle s'est embarquée aujourd'hui même.

AMÉLIE.

Ciel! Connaît-on le lieu de sa destination?

DEROUCHÈRE.

Je l'ignore entièrement.

AMÉLIE.

Son départ ne pouvait arriver dans un moment plus cruel
pour moi. Pas un ami pour essuyer mes larmes!

LE CAPITAINE.

Allons, du courage, morbleu! le ciel et le capitaine
Baltard vous conduiront au port.

AMÉLIE.

Ah! capitaine, comment puis-je l'espérer, quand le
même coup m'enlève à-la-fois un père adoré et celui que
je ne puis nommer sans frémir, et dont mon cœur conserve
cependant un si cher souvenir? Edouard! Edouard!

(Edouard tressaille, et la regarde avec anxiété.)

DEROUCHÈRE, *à part.*

Ce nom abhorré viendra-t-il toujours frapper mon oreille?

*(Le capitaine conduit Amélie à la table; elle s'assied entre lui
et Derouchère. Marcel et Zabeth sont debout derrière eux.
Edouard, assis du côté opposé, les observe, et paraît agité.
— BALLET.)*

AMÉLIE.

Je vous prie, monsieur le Régisseur, de me choisir une

nègresse intelligente et douce, pour remplacer la femme que j'amenais de France, et que j'ai eu le chagrin de perdre dans la traversée.

LE CAPITAINE.

Oui, déjà malade quand elle s'embarqua, elle ne trouva rien de mieux à faire, pour se désennuyer de la longueur du voyage, que de mourir ; et l'on a été obligé de couler à fond cette pauvre chaloupe démontée.

MARCEL.

C'est-à-dire qu'on l'a jetée à la mer ? Ah, j'aimerais autant ne pas mourir, que d'être enterré comme ça !

DEROUCHÈRE, montrant Zabeth.

Je crois que cette jeune nègresse tâchera de se rendre digne de l'honneur de vous approcher.

ZABETH.

Ah ! bonne maîtresse, Zabeth heureuse ! donné son cœur à to déjà tout entier.

(Amélie la regarde, lui sourit, et lui tend la main ; cette dernière la baise et la porte sur sa tête.)

AMÉLIE.

Tous ces noirs sont plus heureux que moi ; ils ont sans doute vu mon père dans les dernières années de sa vie !

DEROUCHÈRE.

Non : sur cette habitation, ainsi que sur celle des lataniers, ils ont tous été renouvelés depuis sa mort.

LE CAPITAINE, l'observant.

Comment cela ?

DEROUCHÈRE.

Je crus m'apercevoir qu'un esprit d'insubordination s'était glissé parmi eux. Tremblant que la même main qui avait frappé monsieur de Courcelle n'eût encore semé le germe de la révolte, je trouvai prudent de les embarquer tous sur un vaisseau qui faisait voile pour Madagascar, et qui, au retour, m'apporta ceux qui sont maintenant sur les deux habitations.

LE CAPITAINE, l'observant toujours.

Mais, ces deux habitations ne formaient pas toute la richesse de mon viel ami ?

DEROUCHÈRE, embarrassé.

Il y en a une autre située vers la rivière noire ; quelques belles plantations sont au quartier de la poudre d'or, ainsi que dans la petite île d'ambre.

LE CAPITAINE.

Diable ! ces immenses propriétés doivent beaucoup rapporter, et je suis certain que monsieur le Régisseur a de bonnes pacotilles en magasin?

DEROUCHÈRE, *toujours plus embarrassé.*

Qu'entendez-vous par-là, monsieur le capitaine?

LE CAPITAINE.

Morbleu! cela n'est pas difficile à expliquer. Mon vieil ami n'était pas homme à s'embarquer sans biscuit, et je gage qu'il a laissé beaucoup d'argent comptant?

DEROUCHÈRE, *de même.*

Pourquoi me forcer à entrer dans cette explication?

LE CAPITAINE.

Mille bombes! à l'abordage, régisseur, et, à votre tour, qu'entendez-vous par-là?

DEROUCHÈRE, *avec plus de fermeté.*

Je vous ai déjà dit, monsieur le capitaine, qu'Edouard avait été mon ami. Pourquoi me contraindre à révéler des faits que je voudrais ensevelir dans une nuit éternelle?
(*Edouard fait un vif mouvement, qu'il réprime aussitôt.*)

AMÉLIE.

Ciel! que dites-vous?

LE CAPITAINE.

Ainsi donc, Edouard?....

DEROUCHÈRE, *vivement.*

Investi de toute la confiance de monsieur de Courcelle, venait de monter un vaisseau chargé de récoltes des différentes habitations, quelque tems avant le malheureux événement qui nous plonge tous dans la douleur.

LE CAPITAINE, *de même.*

Et depuis?

AMÉLIE, *avec douleur.*

C'en est assez, capitaine, ne déchirez pas plus long-tems mon cœur par ces affreux détails.

DEROUCHÈRE, *à part.*

Je suis enfin parvenu à le convaincre!.... Mais le gouverneur tarde bien!
(*Il regarde autour de lui, et paraît, ainsi que les autres, plongé dans la douleur. Le capitaine a les yeux fixés à terre. Edouard, frappé d'une idée subite, ramasse une baguette, et examinant s'il n'était point observé, s'incline près du capitaine, et trace des caractères. Le capitaine, s'en apercevant, indique son étonnement, en suivant de l'œil la baguette.*)

LE CAPITAINE, *se levant, et mettant la main sur la garde de son épée.*

M'arrêter! double millons de tempêtes! qui oserait jeter le harpon sur le capitaine Baltard?

(Edouard efface avec ses pieds ce qu'il vient d'écrire. Marcel, Zabeth, et tous les nègres, sont dans l'attitude de l'étonnement et de l'effroi.)

DEROUCHÈRE, *à part.*

Qui peut l'avoir instruit ?

AMÉLIE.

Que voulez-vous dire, capitaine ?

LE CAPITAINE, *s'agitant fortement.*

M'arrêter !.... Par l'ancre de miséricorde !.... si je puis découvrir le brûlot.... je le submerge à l'instant.

DEROUCHÈRE, *à part.*

Bon ! il ne me soupçonne pas ! (*haut.*) Remettez-vous, monsieur le capitaine, et daignez nous instruire du motif de votre courroux ?

MARCEL.

Ah ! mon dieu ! voilà un officier qui vient de la part de monsieur le Gouverneur.

DEROUCHÈRE, *à part.*

Ah ! je respire.

SCENE XVI.

SES PRÉCÉDENS, UN OFFICIER, SOLDATS.

L'OFFICIER.

Le capitaine Baltard ?

LE CAPITAINE.

Me voici, monsieur ; je n'ai jamais présenté la poupe à l'ennemi.

L'OFFICIER.

Je suis chargé, par monsieur le Gouverneur, de vous prier de me suivre.

AMÉLIE.

Ciel ! quel peut être le motif de cet ordre ?

LE CAPITAINE.

C'est sans doute ce dont monsieur ne refusera pas de nous instruire ? car, morbleu ! on ne lâche sa bordée qu'après avoir hissé pavillon.

L'OFFICIER.

Monsieur le Gouverneur s'est réservé le droit de vous l'apprendre ; mais je crois pouvoir vous faire observer que toute résistance serait inutile et imprudente.

LE CAPITAINE.

La résistance !.... Par la Sainte-Barbe, si le capitaine Baltard ignorait le respect que l'on doit aux lois, dix corsaires comme vous n'oseraient l'aborder !.... je me ferais

sauter plutôt que de me rendre! Mais je connais la subordi-
nation : j'ai obéi avant de commander. Votre Gouverneur
est maître dans cette île, comme je le suis sur mon bord....
Je me rends à ses ordres.... Dix sept combats, autant de
prises, douze blessures, toutes là, (*il indique sa poitrine.*)
Voilà de quoi déjouer les manœuvres de mes ennemis;
voilà de quoi confondre mes calomniateurs. (*A un soldat qui
s'approche, paraissant lui demander son épée.*) Hein? hein?...
qu'est-ce? mon épée?... triple bordées! suis - je écrasé
sous mon grand mât, pour entreprendre de me l'arracher?...
Qu'on attache ce drôle à la vergue. (*Amélie parait vouloir le
calmer.*) J'ai tort!... j'ai tort!... au diable ma tête!... mais
prétendre m'enlever mon épée!... mille bombes!... si l'on
me prouve que je suis coupable, que j'ai manqué à l'honneur, que suis indigne du nom français, je la dépose moi-
même aux pieds du Gouverneur... mais, d'ici là, corbleu!...
j'ai fini; j'ai fini....(*à Amélie.*) Adieu, mademoiselle, soyez
tranquille; dans peu, j'espère, nous ferons voile ensemble...
Quant à vous, régisseur, vous m'obligerez de m'aider à découvrir le double anglais qui s'enveloppe de la brune pour
m'attaquer.... il connaîtra le capitaine Baltard. (*A l'officier et aux soldats.*) Allons, vous autres, marchez, je vous
suis; (*prenant la garde de son épée.*) mais toujours la
sonde en main.

(*Il sort, accompagné par l'officier et sa suite. Il fait signe à
Amélie de se consoler. Derouchère témoigne sa joie, et
Edouard sa douleur.*)

FIN DU PREMIER ACTE.

ACTE II.

(*Le Théâtre représente un riche appartement; à
droite de l'acteur une porte et une fenêtre prati-
cable; de l'autre côté, une porte absolument invisible, et masquée par un panneau.*)

SCÈNE PREMIÈRE.
MARCEL, seul.

Il faut convenir que c'est une drôle de chose que la
vie! quand ce ne serait que la mort de M. de Courcelle,
et puis ce capitaine, qui ressemble comme deux goûtes
d'eau à une armée navale, et qu'on vient arrêter comme

ça, sans dire gare ! .... Je voudrais pourtant bien savoir
pourquoi... Ah ! dame, peut-être bien qu'étant sur mer, il
aura battu quelque postillon, ou fait du bruit dans quelque auberge..... Ces marins sont si mal élevés ! ..... Et
mam'zelle Zabeth qui ne vient pas, et qui s'amuse comme
ça à me faire croquer le marmot.... Oh ! je me mange !
La voilà coiffée de son fou muet, si bien qu'elle ne peut
plus faire un pas sans l'avoir accroché à son oreille.

SCÈNE II.

MARCEL, ZABETH, EDOUARD, *qui tient un grand porte-*
feuille de voyage.

MARCEL.

Hom ! les voilà ensemble ; ils ne se quittent non plus que
Saint-Roch et son carlin.

ZABETH, *indiquant à Edouard la table sur laquelle il dépose le*
portefeuille.

Toi mètr ça là, bon blanc.

MARCEL.

Est-ce que je n'aurais pas été assez fort, voyons, pour porter ça ?

ZABETH.

Moi veux soit li, moi aimer li.

MARCEL.

Ah ! sûrement, ça vous donnera une belle réputation,
d'être comme ça avec un vilain borgne ! car enfin : dis-moi
qui tu fréquentes, je te dirai qui tu es.

ZABETH.

Toi, mauvais cœur, Marcel. Li malheureux, li muet.

MARCEL.

Muet !..... Ah ! pardi, vous autre femmes, vous regardez
ça comme la plus grande infortune.

ZABETH.

Ah ! moi plaindre li.... beaucoup fort.

MARCEL, *à Edouard, qui regarde l'appartement avec l'air du*
plus vif intérêt.

Eh bien, voyons, qu'est-ce que vous avez donc à regarder comme ça ? (*Edouard est absorbé dans ses réflexions,*
et ne paraît pas l'entendre.) Hom ! qu'il est malhonnête,
ce muet-là ! il ne répond seulement pas quand on lui parle.

ZABETH.

Li pauvre, li trouve case belle et riche.

MARCEL.

Je le crois bien, que c'est beau; sur-tout dans cette chambre, qui est celle de M. de Courcelle, de son vivant au
moins. Ah! ça fait dresser les cheveux dans la tête, quand je
pense qu'il y couche peut-être encore depuis qu'il est mort!

ZABETH, *se rapprochant de lui.*

Toi fais peur à moi, Marcel!

MARCEL, *effrayé.*

Ah! c'est qu'il y a des revenans qui reviennent comme ça?

ZABETH.

Li quitterait donc pays des âmes?

MARCEL.

- Ah! sûrement, et ça ne serait par la première fois. Allez,
si vous rencontrez jamais un grand fantôme blanc, vous
pourrez bien dire que c'est lui.

ZABETH, *tremblant.*

Blanc! c'est Marcel, c'est le Diable.

MARCEL.

Comment, le Diable, mam'zelle? Mais non, ça serait
un revenant, une âme en peine; dar le Diable est noir,
peut-être bien?

ZABETH.

Li être méchant, li être blanc, le Diable, Marcel.

MARCEL.

Eh! non, il est noir; je le vois bien, peut-être, depuis
quelque tems, et pas plus tard que hier au soir, encore....

ZABETH.

Ah! Marcel, dis, dis; pauvre Zabeth, faire tout trembler.

MARCEL, *d'une voix altérée.*

Vous savez bien cette paire de grosses bottes, qui sont
là-bas, et qui appartenaient à M. de Courcelle, de son vivant?

ZABETH.

Oui, Marcel.

MARCEL.

Eh! bien, comme j'avais cru qu'il ne s'en servait plus
depuis qu'il était mort, j'avais envie de les prendre pour
m'en servir, moi.

ZABETH.

Mal, ça, Marcel.

MARCEL.

Eh! sûrement, mam'zelle, que c'est mal! Il ne saurait
sortir du sac, que ce qui est dedans. J'en ai été bien puni,
allez. Ah! mon dieu! hier soir, comme je revenais du
quartier des Pamplemousses, voilà qu'en passant sur les

grands bananniers, j'entendis comme quelqu'un qui courrait derrière moi, tra, tra, tra. Je voulus courir aussi, moi; mais voilà ces deux grosses vilaines bottes, qui sont venues se placer devant moi, et qui se sont mises à danser pour m'empêcher de passer.

ZABETH.

Ah! Marcel, toi faire mourir moi.

(Ils se pressent l'un contre l'autre, ensorte qu'ils sont presque adossés.)

MARCEL.

Ah! ce n'est pas tout, vraiment!

ZABETH.

Toi dire encore, Marcel.

MARCEL.

Je me mis à les prier bien poliment de se ranger; car je sais qu'il faut être honnête avec les esprits : mais elles ne firent pas semblant de m'entendre, et continuèrent leur maudite danse, jusqu'à ce qu'elles fussent lasses..... Alors..... ah! alors, il y en eût une qui se mit de côté; je pris mes jambes sur mon cou pour aller plus vîte; mais l'autre se mit à marcher doucement derrière moi, tandis que sa camarade, qui était restée derrière, me donnait de grands coups de pieds pour me faire aller plus vîte.

(Ils sont entièrement adossés, et tremblent si fort, qu'ils se heurtent. Chacun d'eux croit avoir reçu un coup de pied, et fait un mouvement de terreur; ils se retournent, se voient en face, et paraissent mutuellement s'effrayer. Dans ce moment, la porte du fond s'ouvre; ils tombent à terre, en criant: Ah! le Diable! — Pendant cette scène, Edouard n'a cessé de rêver, en lisant une lettre, qu'il relit. Tout-à-coup, il paraît frappé d'une subite inspiration; il tire un médaillon de son sein, le joint à la lettre, et les glisse tous deux sous la serrure du grand portefeuille.)

SCÈNE III.

LES PRÉCÉDENS, DEROUCHÈRE, UN OFFICIER, SOLDATS, NÈGRES, *qui portent des flambeaux à deux branches, qu'ils déposent sur des guéridons.*

DEROUCHÈRE.

Cherchez, monsieur; je suis loin de m'opposer aux mesures qui peuvent assurer la punition du coupable Edouard.

(Edouard fait un léger mouvement d'étonnement; mais il se remet aussitôt, et s'avance pour relever Zabeth.)

DEROUCHÈRE, *les voyant.*

Que font là ces malheureux?

(Les nègres viennent relever Marcel, qui donne, ainsi que Zabeth, tous les signes de la plus vive frayeur.)

ZABETH.

Ah ! maître... li... le diable... les bottes.

MARCEL.

Ah ! mon dieu ! peut-on avoir une frayeur semblable , et à propos de bottes encore !

DEROUCHÈRE, *à l'officier.*

Vous soupçonnez donc qu'Edouard est maintenant de retour dans l'île ?

L'OFFICIER.

Oui , monsieur ; des renseignemens que j'ai reçus me portent à croire qu'il est débarqué depuis plusieurs jours. Les plus sévères perquisitions ont déjà été faites dans tous les lieux où il pourrait se soustraire à mes regards , et si cette nouvelle n'est pas fausse, j'espère le voir bientôt subir la peine due à son crime.

DEROUCHÈRE.

Cherchez , monsieur, redoublez, s'il est possible, de zèle et d'activité. Le châtiment de ce grand coupable doit être désiré par toute âme vertueuse et honnête. (*à part.*) Que ne peut-il le trouver en effet, et m'en débarrasser pour toujours ! (*Edouard le regarde avec mépris.*)

L'OFFICIER , *se tournant et se trouvant en face d'Edouard.*

Quel est cet homme ?

DEROUCHÈRE.

Un vagabond, mourant de faim et de misère, que ma pitié a recueillie.

L'OFFICIER.

Depuis quand ?

DEROUCHÈRE, *avec méchanceté.*

Mais...... il y a quelques jours.

MARCEL.

Monsieur , vous vous tromp....

DEROUCHÈRE, *l'interrompant.*

Marcel, préparez-vous à répondre quand on vous interrogera.

MARCEL, *effrayé.*

M'interroger?... ah ! mon dieu ! mais je suis innocent comme l'enfant qui joue !

L'OFFICIER , *regardant toujours Edouard.*

Connaissez-vous quelqu'un qui en réponde ?

DEROUCHÈRE.

Nullement ; il n'a d'autre titre pour être ici que m'a trop grande bonté.

(28)

L'OFFICIER.

Votre intention est-elle de l'attacher à l'habitation ?

DEBOUCHÈRE, *souriant.*

Non, monsieur ; ce cercle est trop étroit pour ces sortes de gens. Quand quelques jours de repos lui auront rendu des forces, je le lance de nouveau dans l'univers qui s'ouvre devant lui.

L'OFFICIER, *à part.*

Son silence m'est suspect. (*à Edouard.*) Allons, préparez-vous à me suivre.

(*Edouard le regarde avec fermeté.*)

DEBOUCHÈRE, *à part.*

Bon ! voilà encore un importun de moins.

ZABETH, *à l'officier.*

Ah ! li bien malheureux ! Toi faire pardon, Zabeth, prie to.

L'OFFICIER.

C'est impossible, jolie Zabeth. (*aux gardes.*) Emparez-vous de cet homme, et continuons nos recherches.

(*Les soldats s'avancent, Zabeth se place entr'eux et Edouard.*)

ZABETH, *à genoux.*

Grace, grace, li pas méchant blanc Édouard.

L'OFFICIER.

Il peut être un de ses agens ; c'est ce qu'on saura découvrir. Allons, plus de résistance, ma petite.

DEBOUCHÈRE.

Zabeth, votre zèle devient indiscret, tremblez que je vous en fasse punir ! (*Zabeth tressaille et se relève*).

SCÈNE IV.

LES PRÉCÉDENS, AMÉLIE.

ZABETH, *voyant entrer Amélie.*

Ah ! ma bonne maîtresse, sauve li.

DEBOUCHÈRE, *à part.*

Amélie ? ah ! quel affreux contre-tems.

AMÉLIE, *voyant qu'on est près d'entraîner Edouard.*

Quel crime a commis cet infortuné, pour qu'on ose le traiter ainsi ?

(*Edouard s'avance près d'elle, et semble se mettre sous sa protection.*)

L'OFFICIER.

C'est un homme sans asile.

AMÉLIE.

Vous vous trompez, monsieur, le sien est sur cette habitation.

L'OFFICIER.

Jusqu'à ce que ceux qui ont le droit de le lui accorder le réclament, vous me permettrez, madame, de faire mon devoir.

AMÉLIE, *regardant Derouchère avec étonnement.*

Personne ici n'a ce droit plus que moi ; il m'est trop précieux pour que je consente à le céder ! Je suis Amélie de Courcelle, unique héritière de ce nom.

L'OFFICIER, *saluant respectueusement Amélie.*

Pardon, madame, j'ignorais.... Cependant il est de mon devoir de m'informer encore d'où peut venir cet homme. Son silence obstiné, dans la circonstance présente, doit inspirer de vifs soupçons, et je dois absolument le forcer de parler.

MARCEL, *à part.*

Ah ! bien, il lui rendra un grand service.

AMÉLIE, *à Derouchère.*

Comment, on n'a pas expliqué la cause du silence de cette infortuné ? (*à l'officier.*) Il vous remettra une attestation honorable. (*à Edouard.*) Montrez à monsieur le certificat de votre ancien maître.

(*Edouard indique, par ses gestes, que Derouchère l'a gardé.*)

AMÉLIE, *avec étonnement.*

Quoi ! monsieur, vous avez gardé un papier si important pour ce malheureux, et vous négligiez de le donner !

DEROUCHÈRE, *embarrassé.*

Je l'avais entièrement oublié. (*à part.*) Suis-je assez abaissé ! O rage !

AMÉLIE, *recevant le papier.*

Peut-on oublier une preuve qui peut sauver un innocent ?

L'OFFICIER, *après avoir lu.*

Ce papier est bon ; il faudrait cependant que la signature fût légalisée, pour qu'on fût certain que cet homme n'est pas un envoyé d'Edouard Gravible ; surtout dans un moment où tout porte à croire qu'il est de retour dans l'île.

AMÉLIE, *à part, avec douleur.*

Edouard ! Ah ! malheureux ! vient-il chercher la mort !

DEROUCHÈRE, *qui a surpris son trouble.*

Elle l'aime, je n'en puis plus douter.

L'OFFICIER.

Je crois qu'il serait prudent de s'assurer de ce muet, jusqu'à ce qu'on eût la réponse du planteur des Moulins.

AMÉLIE.

Non, Monsieur, je connais cet infortuné depuis un jour seulement ; mais sa sensibilité pour le plus léger bienfait, la reconnaissance qu'il semble en conserver, tout me porte à croire qu'il est digne du vif intérêt qu'il m'inspire. Je le prends sur ma responsabilité, et je me charge de le représenter chaque fois qu'il en sera besoin.

(Edouard se jette à ses pieds, en lui témoignant la plus vive reconnaissance, et paraît lui jurer de lui dévouer sa vie entière.)

L'OFFICIER.

Il suffit, madame, je n'ai plus d'objection à faire. Veuillez permettre que nous continuions sur le reste de l'habitation les recherches relatives à Édouard.

AMÉLIE.

Allez, monsieur : puissent-elles porter le flambeau de la vérité sur ce trop malheureux événement!

DEROUCHÈRE, *à Édouard, avec humeur.*

Éclairez, monsieur.

(Edouard prend un des flambeaux à deux branches, et passe devant l'officier, qui sort, accompagné de son monde. Marcel, Zabeth et les nègres le suivent.)

SCÈNE V.
AMÉLIE, DEROUCHERE.

DEROUCHÈRE, *l'observant.*

Il est à présumer, belle Amélie, que vos vœux seront bientôt satisfaits, et qu'Édouard ne tardera pas à courber sa tête coupable sous le glaive des lois.

AMÉLIE, *avec terreur.*

Mes vœux, dites-vous? en ai-je jamais formé de semblables, grand dieu! Et quand le sang d'Édouard aura coulé, le père, l'ami que je regrette me sera-t-il rendu? Ah! non: si Édouard est en effet coupable, les remords, compagnons inséparables du crime, sauront mieux me venger que ne pourrait le faire la justice des hommes!

DEROUCHÈRE.

Je doute que vous eussiez la même indulgence pour tout autre qu'Édouard.

AMÉLIE.

Édouard, criminel, mérite toute ma haine; mais Édouard persécuté, innocent, doit attendre de moi toute l'amitié d'une sœur, tout l'amour d'une épouse; ces deux sentimens confondus nous furent commandés par mon malheureux père, et je saurai lui conserver jusqu'au moment où la conviction du crime qu'on lui impute viendra me forcer de les oublier.

DEROUCHÈRE.

Que voulez-vous de plus, pour l'acquérir, que le jugement qui le condamne?

AMÉLIE.

Je ne sais, tout ici étonne ma raison, sans convaincre mon cœur; l'arrestation inopinée du capitaine vient encore donner un nouveau poids à mes soupçons.

DEROUCHÈRE, à part.

Ciel! (haut.) Des soupçons?.... et sur qui portent-ils?

AMÉLIE.

Les personnes qui entouraient mon père me sont encore trop peu connues pour que je puisse les fixer; il me tarde de voir le capitaine rendu à la liberté, afin d'être secondée par lui dans les démarches que je compte entreprendre.

DEROUCHÈRE, à part.

Je saurai les prévenir, et cette nuit je serai sauvé par toi, ou je t'entraînerai dans l'abîme ouvert sous mes pas!

AMÉLIE.

Avez-vous appris du Gouverneur quelles raisons ont pu le décider à traiter si sévèrement le capitaine?

DEROUCHÈRE.

Tous deux étaient enfermés ensemble, m'a-t-on dit, et il m'a été impossible de parvenir jusqu'à eux.

AMÉLIE.

J'espère, monsieur, que demain votre première démarche sera pour me donner des nouvelles de mon excellent ami, et, s'il n'est déjà libre, je me rendrai moi-même au gouvernement.

DEROUCHÈRE, à part, après avoir fait un salut d'assentiment.

Demain! peut-être seras-tu réunie à ton père!

SCÈNE VI.

LES PRÉCÉDENS, MARCEL, EDOUARD, ZABETH.

AMÉLIE, voyant Marcel qui rentre d'un air triste.

Dieux! Edouard serait-il découvert?

DEROUCHÈRE, à Marcel.

Eh! bien les recherches sont-elles terminées?

MARCEL.

Terminées! ah! pardi, ça été bientôt fini, allez; car à peine avons-nous été près de l'indigoterie, que voilà que ce vilain homme, ce monsieur, j'entends, qui était là tout-à-l'heure, a dit comme ça, en fixant ses deux gros yeux sur le muet, qui l'éclairait toujours: Allons, en voilà assez, je n'ai pas besoin de tant d'éclaireurs ; mon monde me suffit : allez-vous-en. Et nous voilà tous. C'est bien désagréable toujours ; car sans être curieux , on aime à voir tout ce qui se passe.

(*Edouard et Zabeth entrent.*)

AMÉLIE.

Puisque tout est tranquille , je vais vous prier de me laisser seule, la fatigue...

ZABETH.

Moi, bonne maîtresse , rester avec toi.

AMÉLIE.

Non, Zabeth, je n'ai pas besoin de tes services ce soir.

DEROUCHÈRE ; *à part.*

Bon !

(*Edouard, qui l'observe, paraît l'avoir entendu.*)

DEROUCHÈRE, *voyant que la croisée est ouverte.*

Pourquoi cette fenêtre n'est-elle pas fermée ?

ZABETH.

Maître, moi avoir oublié.

(*Edouard va la fermer.*)

AMÉLIE.

Il fait une chaleur si excessive , que cette croisée ouverte ne peut que rafraîchir l'appartement.

(*Marcel et Zabeth éteignent la plus grande partie des bougies.*)

DEROUCHÈRE.

Votre santé nous est trop précieuse , belle Amélie, pour que je puisse consentir à vous laisser respirer l'air de la nuit, toujours très-dangereux dans ces climats. (*à Marcel.*) La moustiquaire est-elle tendue autour du lit de madame ?

MARCEL.

Ah ! pardi, sûrement ! je ne suis pas de ces gens à qui il faut dire quarante-cinq fois la même chose.

DEROUCHÈRE.

J'espère , belle Amélie, que cette nuit remplira mes vœux , et que demain je vous reverrai telle que je le désire.

(*Il salue et s'éloigne.*)

AMÉLIE, *le reconduisant.*

Veuillez songer au capitaine.

(*Il salue de nouveau, et sort avec Zabeth et Marcel; Edouard les suit lentement. Il paraît regarder l'appartement avec inquiétude. Quand il est près d'Amélie , il fléchit un genou, s'empare du bas de sa robe, qu'il baise avec tous les transports de la reconnaissance; il sort, et Amélie ferme derrière lui la porte aux verroux.*)

SCÈNE VII.

AMÉLIE, *seule, réfléchissant.*

Je ne sais quel mystère m'environne ; mais tout ici me semble gouverné par une main inconnue et malfaisante. L'affreuse mort de mon père, l'arrestation subite du capitaine, il n'est pas jusqu'à ce muet, dont les signes incompréhensibles et qui semblait vouloir m'instruire d'un fait important, qui ne vienne porter le trouble et l'étonnement dans mon cœur déchiré. (*Elle s'assied.*) Edouard !.... son image me suit sans cesse ; malgré moi je la décore des traits les plus propres à parer cette âme, que ses lettres et celles de mon père me représentaient si belle ! (*Ici la croisée fermée par Edouard, commence à s'agiter, Amélie se tait et la regarde.* — *Elle reprend :*) A peine sortie de l'enfance, lorsque mon père et lui s'éloignèrent, je n'ai point eu d'autre bonheur que celui de penser à l'union que son cœur semblait vivement désirer. (*La croisée s'agite avec plus de force.*) Mais, je ne me trompe pas, cette croisée, mal fermée, menace de s'ouvrir. (*Elle se lève, et va vers la fenêtre, qui s'agite avec violence ; elle recule avec une sorte d'effroi.*) Quelle vaine terreur peut donc m'arrêter ? le vent seul produit un événement que mon imagination alarmée se plait à augmenter.

(*Elle s'avance de nouveau vers la croisée, qui s'ouvre entièrement, et livre passage à un paquet qui va tomber aux pieds d'Amélie, qui, tremblante et prête à s'évanouir, s'appuie sur le dos d'un fauteuil. La croisée se referme, sans laisser distinguer la personne qui la fait mouvoir. Amélie se remet insensiblement ; elle regarde alternativement la fenêtre et le paquet qui est à ses pieds, et finit par le ramasser.*)

(*Lisant l'adresse.*) « Pour Amélie de Courcelle. » Que peuvent contenir des papiers si singulièrement envoyés ? (*Elle déchire l'enveloppe, et lit :*)

« Le crime veille pour vous persécuter ; mais le ciel veille pour vous défendre. Mettez toute votre confiance en celui qui peut ranimer la cendre des morts pour sauver l'innocence : brûlez ce papier, et gardez-vous de vous livrer au sommeil. » (*Après avoir lu.*) Que signifie cet avertissement ? de quel danger suis-je menacée, dans une maison où tout doit m'être dévoué ? Ah ! malgré moi, je me sens pénétrée d'une secrète horreur. (*Relisant.*) « Mettez toute votre confiance en celui qui peut ranimer la cendre des morts pour sauver l'innocence ! » Ah ! mon père ! ta voix

5

viendrait-elle se faire entendre pour disculper Edouard ?
et ce secret, renfermé dans la nuit des tombeaux, est-il
prêt à paraître au grand jour ? Mais, que dis-je ? ô mon
dieu ! permettrais-tu que l'ordre de la nature fût inter-
verti en faveur d'une créature? Non, sans rien changer
à ta loi immuable, ta main puissante saura la guider, et
tu as permis que celle d'un ami vint la soutenir au milieu des écueils dont elle est entourée. (*Examinant de nouveau le papier.*) En effet, malgré le soin qu'on a pris de dégui-
ser cette écriture, il me semble la reconnaître...... ce portefeuille contient les lettres de tous mes amis, il m'est facile
de vérifier si l'un d'eux traça ce singulier avertissement.

(*Elle ouvre le portefeuille, qu'Edouard a placé sur une table,
et trouve la lettre et le médaillon qu'il y a glissés.*)

Une lettre ! un portrait ! qui peut les avoir placés ? Ah !
tout semble concourir à troubler mes idées, à altérer ma
raison..... Cette écriture est celle de madame de Laudan.
(*Elle lit bas.*) — (*Haut.*) Quoi ! par cette lettre elle me pré-
vient de son départ; elle m'indique même qu'elle a écrit
au régisseur, pour qu'il m'adoucit le chagrin de ce fâcheux
contre-tems ? comment se fait-il qu'il ne m'en ait rien dit ?
(*Elle lit.*) « Le malheureux procès d'Edouard est terminé,
et Edouard, victime d'une trame odieuse, a été unanime-
ment condamné. Ma main répugne à tracer tout ce que
je soupçonne; mais un tems viendra, chère Amélie, où
j'oserai peut-être parler. Eloignée d'Edouard depuis lon-
gues années, vous n'avez pu, comme moi, apprécier les qua-
lités, les vertus que l'âge avait développées en lui; la pureté
de ses mœurs, l'amour qu'il conservait pour vous m'étaient
connus, et le régisseur lui-même ne pourra s'empêcher de
rendre justice à son intacte probité. Toute l'île retentit encore des louanges que lui méritèrent sa bienfaisance, ainsi
que les tendres soins dont il entourait votre malheureux
père. Cependant il est soupçonné, condamné ! Je ne puis
m'empêcher de répéter que le tems révélera quelque mystère d'iniquité. Il ne faudrait qu'un ami courageux, pour
faire revoir ce fatal procès. Jusque-là, je ne puis former
d'autre vœu que de voir Edouard échapper à l'activité
des recherches faites contre lui; car s'il était pris maintenant, ses ennemis triompheraient, et la vérité serait à jamais ensevelie dans sa tombe. » (*Après avoir lu.*)
Cette lettre est absolument en contradiction avec les
renseignemens donnés par le régisseur. Que peut signifier
cette malveillance.....? Serait-ce lui..... grand Dieu !...

Oh ! oui, il sera revu, cher Edouard, ce procès qui flé-
trit ton nom! Le capitaine est cet ami ardent et ferme
qui saura déjouer les complots dont tu es victime ; et moi,
ton Amélie, ton épouse, encouragée par l'amour, soute-
nue par l'amitié, je jure de faire éclater ton innocence!
(*Regardant le portrait.*) Ces traits si doux, ces traits si
charmans sont les tiens ; mon cœur et l'émotion que j'é-
prouve m'en donnent l'assurance. (*Le contemplant avec
tendresse.*) Cher Edouard ! que de bonheur nous était promis !
(*Elle s'assied, en considérant toujours le portrait.*)

SCÈNE VIII.

AMÉLIE, DEROUCHÈRE, *qui entre doucement par la
porte masquée, qu'il referme avec soin.*

DEROUCHÈRE, *à part.*

Quoi ! encore levée ?

AMÉLIE, *poussant un cri, et cachant le portrait dans son sein.*

Ciel! vous, ici, monsieur ?

DEROUCHÈRE, *embarrassé.*

Pardon, belle Amélie, la lumière que j'ai vue chez vous...
certain bruit qu'il m'a semblé entendre.... m'ont fait craindre que vous eussiez besoin de secours.

AMÉLIE.

J'eusse appelé, monsieur ; et cette heure me semble in-
due pour s'introduire dans l'appartement d'une femme
sans son aveu.... D'ailleurs, par quelle issue avez-vous
pu pénétrer jusqu'à moi ?

DEROUCHÈRE, *l'interrompant.*

La vivacité de mon zèle doit me servir d'excuse : il est
tel sentiment qui souvent nous entraîne au-delà des bornes
prescrites.

AMÉLIE.

Il suffit, monsieur ; maintenant que vous êtes rassuré sur
ma situation, je vous prie de vous éloigner.

DEROUCHÈRE.

Dans tous les tems, je mettrai mon bonheur, ma gloire à
vous obéir, belle Amélie ; mais, à présent, mon premier
devoir est de rester près de vous, de vous défendre au péril de mes jours !

AMÉLIE.

Que prétendez-vous dire ? expliquez-vous, de grace.

DEROUCHÈRE.

J'ai de fortes raisons pour soupçonner que des malveillans,

ceux qui ont déjà fait couler vos précieuses larmes, rôdent autour de l'habitation ; jugez, belle Amélie, si je pourrais me livrer aux douceurs du repos, quand je croirais vos jours menacés ?

AMÉLIE.

Il est facile de vous rassurer, ainsi que moi, en éveillant les esclaves, et je vais....

DEROUCHÈRE, l'arrêtant.

Ah ! ne m'enviez pas le bonheur que je trouverais à vous défendre seul ! D'ailleurs, quel cœur vous serait plus dévoué que le mien ? quel autre oserait me disputer le prix de répandre son sang pour vous ?

AMÉLIE.

Ce langage....

DEROUCHÈRE, se jetant à ses pieds.

Punissez-moi, adorable Amélie ! mon secret m'est échappé ; oui, vous voyez à vos pieds un amant idolâtre de vos vertus, de votre beauté !

AMÉLIE, avec fierté.

Craignez de me forcer, monsieur, à vous rappeler la distance qui existe entre nous.

DEROUCHÈRE, se levant avec fureur.

La distance ?.... (<i>se reprenant.</i>) Ah ! cruelle Amélie ! l'amour en connaît-il ? La plus belle doit appartenir à celui qui sait le mieux aimer ; à ce titre, personne n'osera venir vous disputer à mon brutal amour.

AMÉLIE.

Éloignez-vous, monsieur, ou je saurai punir tant d'audace.

DEROUCHÈRE, prenant les mains d'Amélie et jouant le
délire de l'amour.

Me punir, dis-tu, cruelle ! mais sais-tu qu'il n'est qu'une seule punition qui puisse m'atteindre ? celle d'être privé de ta présence ; et celle-là, il n'est point en ton pouvoir de me l'infliger.

AMÉLIE.

Comment ? quelle insolence !....

DEROUCHÈRE.

Non, je m'attache à tes pas ; partout tu m'entendras t'implorer, te parler de mon amour ; partout tu me verras, soumis et malheureux, te suivre et t'adorer.

AMÉLIE.

Cessez ce langage outrageant, ou j'appelle.....

DEROUCHÈRE.

L'oserais-tu bien, cruelle! Ah! plutôt, partage le dé-
lire qui m'anime ; cesse de détourner cette tête charmante!
que tes yeux se fixent sans courroux sur ceux de ton amant.
Amélie, un seul regard...... il va décider du destin de ma
vie!

AMÉLIE, *lui lançant un regard d'indignation.*

Vous m'y forcez, monsieur ; mais je croirais m'avilir
en souffrant plus long-tems un pareil outrage.

(*Elle va vers la porte du fond.*)

DEROUCHÈRE.

Un seul mot, ou j'expire à vos yeux!

AMÉLIE, *essayant d'ouvrir la porte.*

J'en ai trop entendu. (*Appelant.*) Zabeth!.....

DEROUCHÈRE, *reprenant son caractère.*

Vous m'y contraignez....., eh bien! cette porte ne s'ou-
vrira que par ma volonté. D'ailleurs, appelez, si vous l'osez;
réveillez toute l'habitation par vos clameurs, j'y consens;
les esclaves viendront ici, être témoins de votre honte et
de mon triomphe!

AMÉLIE.

Grand dieu!.... quelle horreur!....

DEROUCHÈRE.

Réfléchissez, madame, et voyez vous-même ce que l'on
pensera de trouver, à pareille heure, la jeune, la sédui-
sante Amélie, enfermée avec soin, et ayant près d'elle un
homme, qui, malgré vos dédains, possède quelques moyens
de plaire.

AMÉLIE.

Monstre!.....

DEROUCHÈRE, *s'asseyant.*

Appelez, maintenant, madame ; je vous laisse parfaite-
ment libre.

AMELIE.

Homme infâme! quelle audace est la tienne? (*se reprenant.*) Mais il n'est pas possible que vous ayez le dessein
de rester ici malgré moi! Au nom de l'honneur, de la pitié,
éloignez-vous, et ne me réduisez pas au désespoir !

DEROUCHÈRE.

La pitié n'est rien près du bonheur; le mien dépend de
ne point vous quitter, et je ne sortirai d'ici qu'au grand jour
ou avec le titre de votre époux : choisissez.

AMÉLIE.

Dieux! quel affreux projet!.... Ah! votre âme n'est pas

assez barbare pour le mettre à exécution. Laissez-vous fléchir par ma douleur, par mes larmes !

DEROUCHÈRE.

Je vous implorais à l'instant même, et vous avez été inflexible : ma résolution est inébranlable, et je braverais jusqu'à la mort pour vous obtenir !

AMÉLIE.

Scélérat ! et moi je la redoute moins que ton odieuse présence !

DEROUCHÈRE.

Vous pouvez vous en délivrer ; choisissez entre un engagement irrévocable, que vous allez signer, ou le déshonneur qui vous attend.

AMÉLIE.

Monstre exécrable ! ton âme toute entière se peint en ce moment dans tes regards ; ils me dévoilent tous tes forfaits ! Édouard est innocent..... Je vois le sang dont tes mains sont souillées.... éloigne-toi, tu me fais horreur !

DEROUCHÈRE, *s'avançant avec rage pour la saisir.*

Ah ! c'en est trop, enfin, vous allez signer.

AMÉLIE.

Éloigne-toi, te dis-je, et tremble ; le ciel vengeur saura découvrir tes crimes !

DEROUCHÈRE, *cherchant à l'entraîner.*

Nous verrons s'il saura aussi découvrir la retraite où je vais vous ensevelir.

AMÉLIE, *se débattant.*

Infâme ! sa foudre est prête à te frapper.

DEROUCHÈRE.

Je la brave.

AMÉLIE.

Au secours ! au secours !

(*La fenêtre s'ouvre avec violence, et un coup de pistolet en part aussitôt ; Derouchère lâche Amélie, qui tombe évanouie sur un fauteuil, tandis qu'il va vers la croisée avec tout les signes de la fureur. Au même instant, des coups redoublés et la voix du capitaine se font entendre à la porte du fond. Derouchère, hors de lui, s'avance vers la porte secrète, qu'il referme. La fenêtre se referme aussi, sans qu'on distingue personne.*)

SCÈNE IX.

AMÉLIE, LE CAPITAINE, trois Matelots, *portant des flambeaux.*

LE CAPITAINE, *en dehors.*

Allons, enfans, feu roulant, et l'ennemi est à nous !

(*La porte est enfoncée sous les coups des matelots, et ils entrent tous.*)

LE CAPITAINE, *voyant Amélie.*

Triple feu français! la frégate a coulé, et c'était bien des signaux de détresse que nous avons entendu. Mais, corbleu! que peut-être devenu le corsaire qui lui donnait la chasse? Allons, enfans, à la découverte, visitez la cabine ; tandis que je vais rassembler tout le monde sur le pont.

(Les matelots cherchent dans l'appartement , tandis que le capitaine prend les mains d'Amelie , essaye de la faire revenir et appelle tour à tour.

Eh! monsieur le Régisseur.... quelqu'un.... elle se meurt, morbleu !... du rhum... du rack... le diable !... On ne bouge non plus que le pic du Ténériffe.

AMÉLIE, *revenant à elle.*

Où suis-je, grand Dieu!... Ah! sauvez-moi!....

SCENE X.

LES PRÉCÉDENS, DEROUCHÈRE, *en pantalon et veste de bazin , l'épée nue à la main , et suivi de quelques nègres portant des flambeaux.*

LE CAPITAINE.

Eh! mille bombes! arrivez donc! Je vous ai cru caché à fond de cale.

DEROUCHÈRE.

Qu'est-il donc arrivé? et que signifie tout ce bruit?

AMÉLIE, *l'apercevant et cherchant à se rapprocher du capitaine.*

Ah! par pitié, ne m'abandonnez pas!

DEROUCHÈRE.

Non, madame, nous périrons plutôt. (*bas , tandis que le capitaine porte ses regards d'un autre côté.*) Édouard est en ma puissance, si vous dites un mot, je le livre à l'instant!

AMÉLIE.

Dieux !....

LE CAPITAINE, *à Amélie.*

Enfin, nous voilà à flots. Mais, par la Sainte-Barbe! si je puis découvrir le maudit loup marin, je veux qu'on l'accroche à la grand' vergue.

SCENE XI.

LES PRÉCÉDENS, ZABETH, MARCEL, *à moitié habillé, qui entraîne Edouard.*

MARCEL.

Allons, allons, ne vous faites donc pas tirer l'oreille pour venir.

DEROUCHÈRE.

Comment! aurais-tu découvert qu'il fût pour quelque chose dans cet événement singulier?

MARCEL.

Ah! pardi, sûrement! c'est mon fort à moi de faire des découvertes.

LE CAPITAINE.

Eh bien, morbleu! que sais-tu?

MARCEL.

Ce que je sais, c'est que ce vilain homme que vous croyez n'être qu'un muet, est sourd comme un tambour : il était couché dans ma chambre, où il dormait, sans s'embarrasser du bruit ni du quand dira-t-on, non plus qu'un bienheureux.

DEROUCHÈRE.

Imbécille! Mais apprenez-nous, belle Amélie, la cause de la terreur empreinte dans tous vos traits.

(*Amélie tressaille, le regarde avec horreur, se rapproche du du capitaine, et paraît prête à parler.*)

DEROUCHÈRE, *la regardant fixement.*

Edouard est ici près, peut-être est-il pour quelque chose dans ce qui se passe.

AMÉLIE.

Ah! je ne puis plus long-tems supporter cette situation... Cher capitaine, aidez-moi à sortir d'ici!

LE CAPITAINE.

Sortir? Morbleu! ma belle demoiselle, allez plutôt vous embosser dans votre lit, jusqu'à ce que la tourmente soit calmée.

AMÉLIE, *avec terreur.*

Ah! voudriez-vous m'abandonner?

LE CAPITAINE.

Par la corbleu! appuyez-vous sur le capitaine Baltard; c'est un ancre qui ne vous manquera jamais. Le maudit inspecteur de port avait fait au Gouverneur je ne sais quelle plainte de mon équipage, je l'ai fait revirer de bord, et à présent, nous irons vent-arrière.

ZABETH.

Bonne maîtresse! viens reposer toi; Zabeth plus quitter toi jamais.

AMÉLIE.

Cher capitaine! me promettez-vous de ne point vous éloigner de cet appartement?

LE CAPITAINE.

Je jure, par les gouffres de l'Océan, de rester ici en croi-
sière.

(Amélie sort par la porte de côté; Zabeth la soutient, tandis
qu'elle semble faire promettre au capitaine de ne pas s'éloi-
gner.)

DEROUCHÈRE, à part.

Puisque l'intérêt d'Edouard a pu lui faire surmonter la
première impression, je puis être tranquille et compter sur
sa discrétion. Mais qui a pu tirer ce coup de feu qui mena-
çait mes jours?

SCÈNE XII.

LE CAPITAINE, DEROUCHÈRE, MARCEL, NÈGRES et
MATELOTS, *qui viennent de faire des recherches.*

LE CAPITAINE.

Eh bien, enfans, avez-vous signalé le brûlot.

UN MATELOT.

Non, mon capitaine, toutes nos recherches ont été
inutiles.

LE CAPITAINE.

Morbleu! savez-vous, régisseur, que je suis las de filer le
cable, et que tout ce qui arrive ici commence diablement à
m'échauffer les oreilles? Comment, tandis qu'on me croit
capturé par ce maudit Gouverneur, on vient insulter mademoiselle de Courcelle jusque dans son appartement!

DEROUCHÈRE.

Vous me voyez dans un étonnement, au moins égal
au vôtre. Cependant, Amélie ne nous a pas encore appris
la cause de sa frayeur, et peut-être elle est moins grande
que nous ne l'imaginons. Les femmes s'alarment quelquefois pour si peu!

LE CAPITAINE.

De par tous les diables! suis-je une femme, moi, qui ai
entendu le coup de pistolet?

DEROUCHÈRE.

Mais êtes-vous bien sûr, monsieur le capitaine?

LE CAPITAINE.

Vous me feriez donner à tous les requins, avec vos questions! Je l'ai entendu, vous dis-je: l'oreille d'un marin français ne se trompe jamais à cette musique-là. D'ailleurs l'odeur
de la poudre, quand je suis entré ici....

6

MARCEL.

Ah ! monsieur le capitaine a le nez gourmand ; on ne lui vendra pas le chat en poche.

DEROUCHÈRE.

Tout ceci me paraît incompréhensible.

LE CAPITAINE.

La journée de demain apprendra sans doute bien des choses. (*Il avance deux fauteuils sur lesquels il s'étend.*) En attendant, voilà mon hamac pour cette nuit. Allons, enfans, allumez les fanaux. Mon rhum, ma pipe.

(*Les nègres allument les bougies, et les matelots posent sur une table près du capitaine, une bouteille de rhum et des verres ; l'un deux lui apporte une grande pipe orientale.*)

DEROUCHÈRE.

Comment, monsieur le Capitaine, votre intention est-elle de rester toute la nuit ?

LE CAPITAINE.

Serait-ce vous, morbleu ! qui prétendriez m'en faire changer ? je fais ici mon quart ; si cela dérange vous ou tout autre, j'en suis fâché. (*tenant son verre.*) A votre santé. (*Prenant un pistolet qu'il a mis sur la table.*) Voici pour porter celle de l'esprit qui est venu troubler Amélie, s'il paraît, j'amorce, et du premier coup je le démate.

(*Il a l'air d'ajuster Derouchère, qui frémit involontairement.*)

DEROUCHÈRE.

Alors, monsieur le Capitaine, il ne me reste plus qu'à vous souhaiter le bonsoir.

LE CAPITAINE.

Oui, vous et votre monde, bonsoir.

MARCEL.

Ah ! dieu merci, je vais pouvoir enfin me recoucher ; et il est, ma foi, bien tems, car je crois qu'il est déjà demain.

(*Derouchère sort en feignant de sourire au capitaine, tandis qu'il témoigne son mécontentement par des gestes qu'il cherche à dérober. Marcel, les nègres et Edouard les suivent. Pendant cette scène, celui-ci a manifesté alternativement, sa joie de voir Amélie échappée au danger, sa reconnaissance pour le capitaine et sa colère secrète contre Derouchère.*)

SCÈNE XIII.

LE CAPITAINE, *étendu sur deux fauteuils et fumant sa pipe,* trois Matelots.

LE CAPITAINE.

Enfans, attention à la manœuvre !

(*Les matelots, épars dans le fond du théâtre, ont l'air d'écouter sans se rassembler ni changer d'attitude.*)

LE CAPITAINE.

Numéro un.

(*Le matelot s'approche, et se tient droit près de la table.*)

Numéro deux.

(*Le matelot de même.*)

Numéro trois.

(*Même jeu.*)

LE CAPITAINE, *après avoir rempli les verres.*

Allons, mes braves camarades, nous voilà dans des mers inconnues ; mais j'espère, mille bombes ! que vous soutiendrez la gloire du pavillon français, et que vous ne laisserez pas enlever, sous vos batteries, la belle corvette que nous escortons. Ressouvenez-vous de Tourville, de Jean-Bart : s'il est beau de combattre comme eux pour le salut de l'État, il ne l'est pas moins de secourir l'innocence et la vertu opprimées. Feu de file, morbleu ! et point de quartier à qui tenterait l'abordage !

(*Les matelots boivent.*)

LE CAPITAINE.

Numéro un, à la grande écoutille ; numéro deux, au sabord ; numéro trois, à la petite écoutille. — A vos postes.

(*Les matelots vont se placer, l'un à la porte du fond, l'autre à la fenêtre, et le troisième à la porte de la chambre d'Amélie.*)

LE CAPITAINE.

Bien. Maintenant, si l'ennemi paraît, mettez le cap dessus ; et demain, au grand jour, nous aurons le plaisir de lui voir donner la cale. En attendant, bonsoir et bon vent.

FIN DU DEUXIÈME ACTE.

ACTE III.

(*Le Théâtre représente un terrein sauvage et agreste, tenant à l'habitation des lataniers. Dans le fond, on voit des bâtimens d'exploitation construits en bambouts. A main droite de l'acteur un rocher dans lequel on entrevoit de côté une ouverture, et dont la base, qui fait face aux spectateurs, est entièrement garnie d'arbustes qui forment une espèce de berceau, à travers lesquels percent quelques saillies de rocher. De l'autre côté est un rocher moins grand.*)

SCÈNE PREMIÈRE.
LAMBERT, seul.

Malgré l'horreur dont ces lieux pénètrent mes sens, il semble qu'une main invisible se plaise à y diriger mes pas.... et ce Derouchère.... le monstre jouit tranquillement du fruit de mon crime!... Juste dieu! le voici.

SCÈNE II.
LAMBERT, DEROUCHÈRE.

DEROUCHÈRE, *pâle et les traits un peu altérés.*

Ah! je te cherche depuis long-tems!

LAMBERT.

Que me voulez-vous encore?

DEROUCHÈRE.

Lambert, la foudre est prête à nous frapper, si nous ne savons la faire retomber sur la tête même de ceux qui veulent nous atteindre. Écoute, et mesure toi-même le danger qui nous menace. Mes projets sur Amélie sont renversés: le capitaine, cet ancien ami de son père, qui, tu le sais, fut un instant éloigné d'elle par mon adresse, ne la quitte plus maintenant; ses manières envers moi, ses regards terribles, tout me prouve qu'éclairé par ses propres remarques, ou par l'indiscrétion d'Amélie, il soupçonne mon infructueuse démarche de cette nuit.

LAMBERT.

Eh bien, qu'ai-je de commun avec cet attentat?

DEROUCHÈRE.

Mais, par un bonheur qui semble nous présager le succès, le Gouverneur est absent pour la journée entière : déjà le capitaine s'est vainement présenté chez lui, avec l'intention de nous perdre, sans doute. Il faut profiter de ce répit que nous accorde la fortune. Le capitaine et Amélie vont se rendre sur cette habitation, c'est à toi de faire ensorte qu'elle revienne seule : alors, aidé de mulâtres qui m'attendent ici près, je saurai la mettre en ma puissance.

LAMBERT.

Mais comment éloigner le capitaine?

DEROUCHÈRE.

Comment?... ce que Marcel te remettra de ma part saura t'instruire de ton devoir et de mes projets.

LAMBERT, *frémissant.*

Et n'est-il pas d'autre moyen....?

DEROUCHÈRE.

Non. Ta mort ou celle du capitaine doit aujourd'hui assurer mon repos : choisis.

LAMBERT.

Encore un crime !....

DEROUCHÈRE.

Ce seul instant te reste : prononce.

LAMBERT, *avec anxiété.*

Eh bien.... envoyez Marcel.... je tâcherai d'obéir.

DEROUCHÈRE.

Lambert, il fut un tems où ma confiante amitié se reposait entièrement sur toi ; maintenant j'ai besoin d'un garant de ta bonne foi. Le mécontentement du capitaine m'empêchera de veiller moi-même sur tes actions ; mais un de mes mulâtres s'attachera à tes pas : si tu tente d'éluder ta promesse, rien alors ne peut te soustraire à ma vengeance. Tu m'entends : avant la fin du jour, le capitaine ou toi aura vécu ; le reste me regarde. Adieu.

(*Il sort en menaçant Lambert, et en témoignant la joie qu'il éprouve d'avoir réussi à le décider.*)

SCÈNE III.

LAMBERT, *puis* UN MULATRE.

LAMBERT.

Il est donc impossible de s'arrêter quand on a franchi le premier pas dans le sentier du crime ! (*se levant avec force.*) Mais, l'ai-je pu faire cette promesse atroce ? et ne pouvais-je résister à l'impérieuse volonté de ce monstre ?.... Peut-être

ces menaces qui me font frémir, ne furent-elles faites que
pour m'effrayer…. peut-être même ces mulâtres, dont la fé-
rocité est sans exemple, ne lui sont-ils pas aussi dévoués qu'il
le prétend…..

*(Il se retourne et se trouve en face d'un mulâtre, qui, les bras
croisés, les yeux fixés sur lui, observe tous ses mouvemens.)*

LAMBERT, *à part.*

Ah! c'en est fait, le monstre n'a rien dit que de vrai!
Voilà, sans doute, l'odieux ministre de ses vengeances!
(*Au Mulâtre.*) Avez-vous l'ordre de rester ici?

LE MULATRE, *d'un ton dur.*

Oui.

(Il s'assied et continue d'observer Lambert.)

LAMBERT, *à part.*

Ma vie en dépend, le capitaine est perdu!

SCÈNE IV.

LES PRÉCÉDENS, MARCEL.

MARCEL, *accourant.*

Ah! mon dieu, on dirait que j'ai des ailes, tant je suis
venu vîte! Ah! dame, aussi, M. le régisseur a des manières
si engageantes pour se faire obéir, et m'a dit d'un ton si en-
courageant, Marcel, porte vîte cette bouteille, ou je te casse
bras et jambes! que je ne me suis pas senti la force de lui
refuser.

LAMBERT, *à part, recevant le flacon d'une main tremblante.*

Il craignait de laisser échapper sa victime…. Le monstre!

MARCEL.

Tel maître tel valet. Vous le remplacerez dans la distri-
bution de cette liqueur. Voyez-vous, il me l'a remise bien
cachetée, je vous la donne de même, et je ne l'aurais pas
bue, quand je serais mort de faim. (*à part.*) Ce n'est cependant pas manque d'envie.

LAMBERT, *lui prenant la main.*

Tu as bien fait, les bonnes actions portent toujours leur
récompense.

MARCEL.

Et les mauvaises aussi, n'est-ce pas, monsieur Lambert?
Ça fait plaisir de penser que tôt ou tard les méchans seront
punis. Tout vient à point, qui veut attendre.

LAMBERT.

Oui, et leur premier châtiment est d'être contraint de

commettre de nouveaux crimes, pour voiler ceux qui les
torturent déjà !

MARCEL.

Tiens comme vous savez ça ; vous ! on dirait que vous
n'avez jamais fait autre chose.... Mais ce que ne vous savez
peut-être pas, c'est la grande nouvelle ?

LAMBERT, *d'un air distrait.*

Qu'est-ce ?

MARCEL.

C'est que mademoiselle Amélie va bientôt connaître le
véritable meurtrier de son père.

LAMBERT, *frémissant.*

Le véritable meurtrier !.... grand dieu... Et qui d'en ins-
truira ?

MARCEL.

Qui ? pardi ! celui qui doit le savoir mieux que tout autre,
monsieur de Courcelle lui-même.

LAMBERT.

Comment ?...

MARCEL.

Certainement. Il est déjà venu cette nuit rendre une petite visite à sa fille. Mais quand elle l'a vu comme ça.... en
fantôme,... le sentiment.... et puis... la peur,... avec.... le respect.... Enfin, ça nous a tous mis sans dessus-dessous. Oh ! pour
moi, j'ai bien cru que cette nuit-là serait mon dernier jour.

(*Pendant cette scène et la suivante, le Mulâtre est assis sur une
saillie du grand rocher, et ses yeux sont toujours fixes sur
Lambert.*)

SCÈNE V.

LES PRÉCÉDENS, AMÉLIE, LE CAPITAINE, ZABETH,
*portant deux légers pliants, et l'un de ces paniers tra-
vaillés par les nègres.*

LE CAPITAINE.

Eh ! morbleu ! pourquoi avoir voulu quitter le palanquin ?

AMÉLIE.

J'ignorais, cher capitaine, que nous dussions nous éloigner autant de l'habitation.

LE CAPITAINE.

Puisque nous ne savons où mettre le cap pour rencontrer
ce maudit économe !

MARCEL.

Ah ! monsieur le Capitaine, si c'est Lambert que vous
cherchez par mer et par terre, le voilà.

LAMBERT, *à part.*

Quoi ! déjà le capitaine ?....

LE CAPITAINE, *à Lambert.*

Est-ce vous camarade, qui êtes l'économe de cette habitation ?

LAMBERT, *troublé.*

Oui, monsieur.

LE CAPITAINE.

Alors, corbleu ! nous allons parlementer ; car c'est vous, m'a-t-on dit, qui fûtes le seul témoin du meurtre de monsieur de Courcelle.

LAMBERT, *à part.*

Encore ce meurtre ! Il semble que toute la nature s'entend pour me le rappeller !

LE CAPITAINE, *impatienté.*

Ah ! ça, de par tous les diables ! êtes-vous sourd ? et faut-il vous hêler pendant un quart-d'heure ?

LAMBERT.

Non, monsieur le Capitaine, mais votre question....

LE CAPITAINE.

Eh ! bien, morbleu ! ma question ne doit pas vous épouvanter, si vous n'avez rien dit que de vrai.

AMÉLIE.

Cher capitaine, veuillez le traiter avec plus de bonté ; les souvenirs que l'idée de ce meurtre doit lui rappeler, sont faits pour altérer sa tranquillité.

LE CAPITAINE.

Ah ! mille bombes ! la mer est houleuse aujourd'hui, et tout ce que je vois n'est pas fait pour la calmer.

MARCEL, *bas à Lambert.*

Rassurez-vous, allez, le capitaine n'est pas si noir qu'il est diable.

LAMBERT, *à part.*

Cet homme est intraitable, et lui-même décide de son sort.

LE CAPITAINE.

Eh bien, donc, morbleu ! faudra-t-il des poulmons de quarante-huit, pour vous répéter la même chose ? Est-ce vous ?.....

LAMBERT, *vivement.*

Oui, monsieur le capitaine.

LE CAPITAINE.

Enfin, il se décide à lâcher sa bordée ! et à quelle hauteur fut commis l'assassinat ?

LAMBERT, *contenant son émotion.*

Ici près, sous des palmiers.

LE CAPITAINE.

Allons, corbleu ! tournez la proue de ce côté, et marchons de conserve (*A Amélie.*) Quant à vous, il est inutile que vous gouverniez à notre suite.

AMÉLIE.

Je vous attendrai ici, capitaine ; la lassitude que j'éprouve, et le trouble dont je suis agitée, ne me permettent pas de visiter ce lieu terrible.

(*Le Capitaine et Lambert sortent par le côté opposé au grand rocher, le Mulâtre les suit.*)

SCENE VI.

AMÉLIE, ZABETH, MARCEL.

ZABETH, *plaçant un pliant près du grand rocher.*

Toi reposer là, bonne maîtresse.

AMÉLIE, *s'asseyant.*

Bonne Zabeth, tu penses à tout !.... Mais la chaleur m'accable !

ZABETH, *cherchant dans son panier.*

Attends, attends, moi va voir...... Ah ! Zabeth fâchée beaucoup... fort.... Moi n'avoir que mauvaises bananes, pas fraîches. (*regardant les arbres.*) Ah ! Marcel !.... moi heureuse.... moi contente.... toi bien voir.... beaucoup grand cocotier.... li avoir bons fruits.... toi monter.

MARCEL.

Est-ce que j'ai la tournure d'un écureuil, voyons, pour grimper à ce grand diable d'arbre, qui est long comme une flûte !

ZABETH.

Bonne maîtresse souffrir.....

(*Elle se place comme quelqu'un qui prête ses épaules pour aider un autre à monter.*)

Moi mettre comme ça... toi monter... moi aimer bientôt.

(*Elle sort en entraînant Marcel, et on les voit passer sur le rocher au pied duquel Amélie est assise.*)

AMÉLIE.

Me voilà sur cette habitation qui fut arrosée par le sang de mon père ! Ici près est la place où cet affreux assassinat.... O mon père ! du haut du ciel, tu veilles sur ta fille...... reçois le tribut de ses larmes et de sa douleur.... Je ne sais pourquoi l'idée terrible de ce meurtre, se rattache malgré

7

moi à celle de l'attentat dont le Régisseur s'est rendu coupable cette nuit.... Ses traits.... sa fureur.... les menaces qu'il m'a faites pour m'empêcher de le dénoncer au capitaine, tout contribue à changer mes soupçons en certitude....

SCÈNE VII.

LES MÊMES, ÉDOUARD, dans le rocher.

EDOUARD.

Veillez sur le capitaine.

AMÉLIE.

Ciel !..... que peut-il avoir à redouter ?

EDOUARD, toujours invisible.

Le poison.

AMÉLIE, se levant avec horreur.

Le poison !.... Ah ! mon dieu !.... qui le sauvera ?.... Ah ! courons lui dire......

EDOUARD.

Vous le perdez.

AMÉLIE.

Moi !... ô ciel !.... Mais, qui m'a parlé ?... O, qui que vous soyez, prenez pitié de moi ; paraissez, guidez-moi... que dois-je faire ?...

EDOUARD.

Silence et prudence.

AMÉLIE, parcourant le théâtre avec timidité et égarement.

Personne ! .... Est-ce un être surnaturel !..... Ma tête se perd,.... (se précipitant à genoux.) O toi, divin refuge des malheureux! soutiens ma raison chancelante, et donne moi le courage de surmonter le trouble qui m'égare!....(Elle se lève et parcourt encore le théâtre.) Dieux!.. le Capitaine! Ah! comment le dérober aux dangers qui le menacent ?

SCÈNE VIII.

AMÉLIE, LE CAPITAINE.

LE CAPITAINE, entrant.

Aux requins, le régisseur et l'économe.

AMÉLIE.

Ah! cher Capitaine, fuyons, fuyons pour jamais ces lieux affreux !

LE CAPITAINE.

Un marin français fuir, merbleu! Non, de par tous les

canons! je ne fuirais pas devant une armée navale rangée
en bataille..... Mais qui diable peut amener cette bou-
rasque?

AMÉLIE, *à part.*

Qu'allais-je dire, grand Dieu! (*Haut.*) La solitude.....?
la proximité du dernier asile de mon père..... m'inspirent
des idées sinistres..... Je veux m'éloigner..... re-
tournons.

LE CAPITAINE.

Non; vous avez beau dire, mademoiselle, celui qui a
été capable de poursuivre et d'outrager l'innocence, jusque
dans sa retraite la plus sacrée, est un lâche, et peut être un
assassin.

AMÉLIE, *regardant autour d'elle avec effroi.*

Parlez bas, cher Capitaine. Vous m'aviez promis de
vous contraindre; la prudence l'exige; et s'il pouvait croire
que je vous ai révélé.....

LE CAPITAINE.

Eh! oui, oui, de par tous les diables, je sais cela... Mais
comment tout-à-coup ramener le calme au milieu de la tempête...Allons, allons, je sens que la tourmente s'appaise...
Il n'y a pas jusqu'à ce maudit Gouverneur, qui ne s'avise de
s'éloigner dans l'instant où sa présence nous eut été si néces-
saire..... Je lui ai cependant écrit pour lui signaler le Régisseur, et lui faire part des soupçons.... Mille bombes!
s'ils venaient à se vérifier!.... Dans tous les cas, j'amarre
ici, et, corbleu!... nous verrons d'où vient le vent.

SCÈNE IX.

LES PRÉCÉDENS, ZABETH, MARCEL, LAMBERT,
LE MULATRE, EDOUARD, *dans le rocher.*

*Zabeth et Lambert entrent les premiers, chacun d'un côté dif-
férent; Marcel, qui suit Zabeth, arrive en courant; il heurte
le mulâtre, qui suit Lambert et tombe à terre avec les fruits
qu'il porte.*

MARCEL.

Ah! mon Dieu!... Mais, voyez donc cette vilaine
figure de jaunisse, qui vient se planter là dans mon passage!

ZABETH.

Toi trop courir, Marcel.

MARCEL.

Ah! dame, mam'zelle : Dans tout ce que tu fais hate-toi
lentement; voilà comme je suis, moi.

ZABETH, *plaçant le coco sur une saillie du grand rocher, qui se trouve à la hauteur d'une table.*

Toi, bonne maîtresse, va rafraîchir toi.

AMÉLIE, *à part.*

Tout m'est suspect.

LE CAPITAINE, *s'asseyant sur le pliant que vient de quitter Amélie.*

Voyons ce que cette petite mine noire a pêché.

LAMBERT, *à part.*

Un coco! si dans son lait, je pouvais glisser.... Le caractère de ce bouillant marin ne me permet pas de reculer.

LE CAPITAINE, *à Lambert, après avoir ouvert le coco.*

Allons, corbleu! monsieur l'honnête homme, à la santé de celui qui découvrira le véritable meurtrier.

LAMBERT, *à part.*

Ah! c'est trop tarder, et ce mot me décide.

(*Il va s'asseoir sur un pliant auprès d'Amélie, et reçoit une tasse que le Capitaine lui présente.*)

AMÉLIE, *à part.*

Ce fruit, cueilli par Zabeth, ne peut renfermer rien de dangereux.

(*Zabeth prend Amélie par la main, et la conduit sur une espèce de banc creusé dans le roc près de la saillie qui supporte le coco. Elle tire de son panier trois tasses, qu'elle pose sur cette saillie, et va s'asseoir à terra entre le Capitaine et Amélie.*)

LAMBERT.

Oui, monsieur le Capitaine, à la santé du plus adroit.

(*Le Capitaine, après avoir bu ce qui était dans sa tasse, la remplit de nouveau, et la laisse devant lui. Pendant cette scène, le mulâtre est assis au milieu du théâtre, les jambes croisées, les coudes appuyés sur ses genoux, et la tête dans ses mains.*)

LE CAPITAINE, *regardant le mulâtre.*

Quelle est donc cette figure, qui est animée comme un glaçon des mers du Nord?

LAMBERT.

C'est un esclave de l'habitation.

(*Il profite du moment où l'attention d'Amélie est tournée de ce côté pour verser le poison dans la tasse du capitaine — Il pose le flacon par terre derrière lui.*)

MARCEL, *regardant le mulâtre.*

Ah! ça, c'est bien vrai; il est d'une vivacité..... Et si son ramage ressemble à son plumage, il doit avoir un joli gosier... Mais, j'y songe, il est peut-être muet aussi.

LE MULATRE, *d'un ton dur.*

Non.

(Marcel, effrayé, va se placer derrière Lambert; il aperçoit le flacon de poison, et paraît le convoiter. Dans ce moment, Édouard passe son bras à travers le feuillage qui masque le le rocher, et change la tasse du Capitaine et de Lambert.)

AMÉLIE, *l'appercevant.*

Dieu !.... cette tasse changée ! le poison .... hâtons-nous de l'éloigner.

(Elle se soulève à demi avec la marque du plus vif effroi, et profitant de la distraction de ceux qui l'entourent, elle re-place la tasse empoisonnée devant le Capitaine.)

MARCEL, *hésitant s'il prendra la bouteille.*

Personne ne me verra : péché caché est à moitié par-donné.

LE CAPITAINE, *prenant sa tasse.*

Qu'une vague emporte les maudits noirs, qui n'arrivent pas avec leur palanquin !

MARCEL, *tenant la bouteille.*

Elle est débouchée !.... Quand le vin est versé, faut le boire.

Le Capitaine et Marcel portent en même tems le poison à leur bouche.

ÉDOUARD, *dans le rocher, et d'une voix éclatante.*

Arrêtez !....

(Marcel, épouvanté, laisse tomber la bouteille; et voulant fuir, il s'embarrasse les jambes dans celles de Zabeth, et va verser la tasse que tient le Capitaine. — Tous se lèvent.)

LAMBERT.

Dieux ! fuyons.

(Il se sauve.)

AMÉLIE, *au Capitaine.*

Ah! par pitié, éloignons-nous d'ici !

LE CAPITAINE.

Non! de par tous les diables, c'est dans ce lieu que le crime a été commis, c'est dans ce lieu, peut-être, que nous en découvrirons l'auteur. Je ne sais quelle puissance me force d'y jeter l'ancre. Corbleu! c'est ici, près de cette place, où le sang du plus digne des hommes a coulé, que je veux abor-der notre régisseur. Je lui indiquerai l'endroit où mon vieil ami a succombé, et mes yeux seront fixés sur ses yeux; j'étudierai jusqu'à son moindre mouvement : s'il pâlit, s'il se trouble, s'il tremble..... Halte-là, M. le régisseur! Je tiens le coupable.

(En disant ces mots, il saisit Derouchère, qui accourait.)

SCÈNE X.

Les Mêmes, DEROUCHÈRE, *puis après* LE GOUVERNEUR
et sa suite.

DEROUCHÈRE.

Capitaine! cette violence....

LE CAPITAINE.

Ah! coquin! je te tiens, réponds.

DEROUCHÈRE, *criant.*

A moi! mes amis, à moi!

(*Des mulâtres armés se font entendre du côté où Derouchère
est entré.*)

LE CAPITAINE, *le quittant pour tirer son épée.*

Attends, scélérat.

DEROUCHÈRE.

Avancez.

(*En voulant aller au-devant de ses mulâtres, il est arrêté par
Édouard, qui lui présente un pistolet, et qui lui dit, en ôtant
son bandeau:*)

EDOUARD.

Monstre! me reconnais-tu?

TOUS.

Édouard!...,.

(*Les mulâtres font un mouvement pour avancer.*)

SCÈNE XII.

Les Précédens, LE GOUVERNEUR, soldats.
LE GOUVERNEUR.

Quelle audace! Bas les armes, ou vous êtes morts!

DEROUCHÈRE.

Le Gouverneur! je suis perdu!

AMÉLIE, *courant au Gouverneur.*

Ah! daignez nous protéger contre les attentats d'un monstre, dont les crimes.....

LE GOUVERNEUR, *l'interrompant.*

Me sont connus... L'œil attentif du gouvernement éclairé
sait découvrir les fils les plus cachés, et sa justice, pour être
quelquefois tardive, n'en est que plus sévère. Depuis quelques tems, cet homme était parvenu à éveiller mes soupçons,
et tandis qu'il me croyait tout entier au soin de poursuivre
Édouard, toutes mes démarches, toutes mes recherches
l'avaient seul pour objet. L'attentat dont il s'était rendu

coupable envers vous, madame, et la déposition que, d'après vos ordres, le capitaine Baltard est venu me faire, n'a pu que hâter l'instant qui dévoile tous ses crimes. Ses papiers ont été saisis et parmi eux on a trouvé une lettre de son complice Lambert, qu'on vient d'arrêter. Cette lettre, en prouvant leur trame odieuse, fait éclater l'innocence d'Édouard.

ÉDOUARD, *avec transport.*

Juste ciel ! je te rends grace !

LE GOUVERNEUR.

Brave capitaine, je me charge du soin de rendre compte de votre noble conduite. Quant à vous, madame, veuillez vous rappeler que si la promptitude de nos jugemens vous a coûté des larmes, ainsi qu'à Édouard, celle de mes secours vous a sauvé d'un péril éminent. Nous allons hâter la punition des coupables, et proclamer hautement l'innocence du vertueux Édouard.

(*Le Gouverneur fait signe aux soldats, qui entraînent Derouchère et les Mulâtres. Le Capitaine, Amélie et Edouard lui témoignent, par leurs gestes, leur vive reconnaissance.*)

SCENE XII.

LE CAPITAINE, AMÉLIE, ÉDOUARD, MARCEL.

ÉDOUARD.

Oserais-je espérer, belle Amélie, que votre cœur, entièrement revenu de ses odieux soupçons....

AMÉLIE, *lui donnant la main.*

Voilà ma réponse.

LE CAPITAINE.

Le rusé avait arboré faux pavillon. Mais pourquoi donc n'avoir pas fait des signaux de reconnaissance ?

ÉDOUARD.

J'étais condamné, il fallait, sans me livrer aux scélérats, les amener à se démasquer eux-mêmes.

LE CAPITAINE.

C'est bien, corbleu ! Mais qui a tiré le coup de pistolet que j'ai entendu cette nuit ?

ÉDOUARD.

Moi. Attaché sans cesse sur les pas du monstre, j'étais parvenu à découvrir ses desseins, et, caché alternativement près de l'appartement de la belle Amélie, ou sous ce rocher, j'ai eu le bonheur de vous protéger contre son odieuse méchanceté.

SCÈNE XIX ET DERNIÈRE.

LES PRÉCÉDENS, ZABETH , Nègres et Négresses.

LE CAPITAINE.

Brave jeune homme, il nous a tous sauvés ! Mes amis ,
après la tempête vient le calme et le jour où le masque du
crime tombe en est un de réjouissance pour les hommes
vertueux.

FIN.

De l'Impr. D'HÉNÉE et DUMAS, rue S.-André-des-Arcs, n°. 3,
ancienne maison de feu M. Knapen.

www.ingramcontent.com/pod-product-compliance
Lightning Source LLC
LaVergne TN
LVHW022147080426
835511LV00008B/1306